에베소서 강설

에베소서 강설

초판 발행	2018년 6월 5일
지은이	한양훈
발행인	한뿌리
펴낸곳	有하
등록	2014년 4월 24일 제 2016-000004호
주소	서울 강서구 방화대로 44길 49
전화	02-2663-5258
팩스	02-2064-0777
저자 연락처	010-3394-5257, 010-8357-5257 이메일 hyh530205@naver.com

값 13,000원

ISBN 979-11-85927-18-3

한양훈 강해 시리즈

에베소서 강설

한양훈 지음

有하

차례

3장 비밀을 알다

4장 새 사람

5장 | 신비

6장 | 영적 전투

머리말

하나님의 은혜로 에베소서 강설을 펴내게 되었습니다. 그동안 사복음서를 중심으로 「예수 그리스도와 사역들」, 「내게 와서 배우라」 그리고 「영적으로 깊이 읽는 사도행전」, 「요한계시록 강해」를 출간했습니다. 이 책들이 신약성경에서 차지하는 비중이 컸기 때문에 먼저 관심을 가진 결과입니다. 이제 주님이 바울을 통하여 기록하신 서신서 중 처음으로 이 책을 펴내게 되어 감사하고 기쁜 마음입니다.

사도 바울은 베드로와 더불어 신약 시대의 문이 열릴 때 활동했던 최고 수준의 사도일 것입니다. 다메섹에서 주님을 만난 바울은 10여 년 동안 은둔의 시간을 가졌고 삼층천에도 올라갔다 온(고후 12:2) 영적으로 깊은 체험을 한 사도입니다. 그러므로 그가 로마 감옥에 갇혀 기록한 이 성경은 상당히 수준 높고 의미 있는 내용으로 가득 차 있다고 하겠습니다. 노년에 이른 그가 언제 죽을지 모르는 상황에서 그동안 숨겨졌던 하늘과 예수 그리스도 그리고 교회에 대한 신비를 거칠 것 없이 이 글에 쏟아냈습니다. 신비라는 바다 속 깊이 빠져 들어간 지식인이 몸으로 쓴 책이라고 하겠습니다.

특히 에베소 교회는 요한계시록에서 주님이 언급하신 일곱 교회 중 맨 처음으로 말씀을 주신 교회입니다. 기독교 역사에서 매우 중요한 의미가 있는 교회라 할 수 있습니다. 바울은 제3차 전도여행 때 이곳 에베소 회당에서 3개월 동안 가르쳤고, 두란노 서원에서 약 2년 동안 가르쳤는데 이때 교회가 세워졌습니다(행 19:8-10). 바울은 특히 에베소서에서 유대인과 이방인이 그리스도 안에서 하나인 것 그리고 죄에서 떠나 거룩한 삶을 살고 성령으로 충만하여 마귀와 싸울 것을 가르칩니다. 그리고 주님과 교회와의 신비로운 관계에 관해 말합니다.

저는 영적으로 깊고 넓은 의미가 담겨 있는 바울의 글을 우리가 영적인 눈으로 다시 읽으며 더 깊은 영적 세계로 나아가는 계기가 되었으면 하는 바람입니다. 저 또한 바울이 이 글을 쓴 나이와 비슷한 나이가 되어 손이 가는 대로 바울의 심정을 옮겨놓았습니다. 이 책은 저의 열여섯 번째 책으로 이 책을 포함하여 저의 모든 책이 세상에 나오는 데 수고를 아끼지 않은 비서 이소진 자매에게 감사드립니다.

2018년 6월 1일
서울 청계산 기도원에서
한양훈

1장_신령한 복을 주시다

Ephesians

에베소에 있는 성도에게

"하나님의 뜻으로 말미암아 그리스도 예수의 사도 된 바울은 에베소에 있는 성도들과 그리스도 예수 안에 있는 신실한 자들에게 편지하노니 하나님 우리 아버지와 주 예수 그리스도로부터 은혜와 평강이 너희에게 있을지어다"(1:1-2).

에베소서는 바울이 로마에 있는 옥에 갇혀 있을 때 쓴 편지입니다. 바울은 그의 생애 말년을 로마의 감옥에 갇혀 보냈습니다(AD 61-63년). 그는 그 안에서 기도하면서 에베소, 빌립보, 골로새, 빌레몬 등 여러 교회에 편지를 썼습니다. 바울은 이제껏 여러 교회를 생각하면서 영혼 구원을 위해 그의 인생의 많은 시간을 보냈습니다. 그리고 감옥에 갇혀 있는 지금도 여러 교회를 생각하고 있습니다. 바울이 갇혀 있던 감옥은 폐쇄된 독방이 아니었기에 바울을 찾아오는 사람들이 있었고, 또 그들을 통해 각 교회의 소식을 전해 들었을 것입니다. 그래서 그 교회들이 주님 앞에 바로 서고 성도들의 신앙이 성장하도록 힘써 기도했을 것입니다. 그리고 지금 성령의 감동하심으로 편지를 쓰고 있습니다.

대개 편지에는 누가 쓰고 누가 받는지가 명시됩니다. 에베소서는 사도 바울이 썼는데, 수신인은 먼저는 에베소 교회의 성도들이고, 둘째는 그리스도 예수 안에 있는 신실한 자들입니다. 에베소 교회 성도라는 자격만 갖추어도 좋지만 두 가지 다 갖추어야 바울의 마음이 흡족할 것입니다. 바울은 자신이 편지를 쓸 수 있는 자격으로 예수 그리스도의 사도 됨을 강조했습니다. 그는 주님을 그리스도 예수라고 표현하면서 예수님이 메시아로 기름부음 받은 분인 것을 강조하고, 또한 자신도 그분의 사도로서 인정을 받았기에 간접적으로 기름부음 받았음을 드러냈습니다. 그리고 자신이 예수님의 사도로 기름부음 받은 것은 "하나님의 뜻"으로 되었다고 말합니다. 그는 문안 인사로 성부와 성자의 결정으로 자신이 사도가 되었음을 언급한 것입니다. 하나님이 세우신 사도의 권위가 있어야 교회의 성도들이 그가 쓴 편지를 읽고 그 편지에서 권면하는 말씀대로 실천할 수 있는 것입니다. 사도는 군대로 말하면 특별히 조직된 부대의 요원입니다(바클레이).

에베소 교회는 바울이 고생하며 맨 처음 세운 교회입니다. 그가 이 편지를 에베소에 있는 성도들에게 보낸다는 것을 명시한 이유는 교회마다 처한 상황이 달랐기 때문입니다. 각 교회가 처한 상황과 장단점이 다 달랐기에 바울은 교회마다 각기 다른 내용의 편지를 보낼 수밖에 없었습니다. 그러므로 이 편지는 에베소 교회에 적합한 편지입니다. 이 편지는 에베소 교회에서 보관하고 있었습니다.

에베소 교회는 에베소에 있었지만 지역이 넓었기 때문에 에베소 안에 여러 가정 교회가 있었을 것입니다. 아마도 이 편지는 에베소에 있는 여러 가정 교회가 돌려보았을 것이고 사본도 만들었을 것입니다. 에베소 교회는 넓은 의미의 교회라고 볼 수 있습니다.

1절을 보면 바울은 에베소 교회의 성도들과 그리스도 예수 안에 있는 신실한 자들에게 이 편지를 쓴다고 하였습니다. 여기서 말하는 성도란 거듭난 자요, 세상에서 성별되어 하나님과 하나 된 자입니다(하지). 여기서 말하는 신실한 자들을 에베소 교회 안에 있는 사람들로 해석할지, 아니면 교회 밖에 있는 사람들을 포함해야 할지로 해석이 나뉩니다. 그러나 우리는 이들을 에베소 교회 안에 있는 사람들로 보아야 합니다. 편지를 받을 수 있는 대상이 진정한 성도요, 믿음이 신실해야 하기 때문입니다. 편지를 받을 수 있는 자격이 바로 신실함입니다. 주님은 12명의 제자, 70명의 제자, 수백 명이 모여 있을 때 각 대상에 따라 내용과 깊이를 달리 하여 말씀하셨습니다. 주님은 변화산에 단지 세 제자만 데려가셨고, 그들이 거기에서 경험한 것을 아무에게도 말하지 말라고 하셨습니다. 사람마다 영적 수준이 다르며 받을 수 있는 비밀의 내용이 다른 것입니다.

에베소 교회 안에 있는 믿음이 신실한 사람들이 이 서신을 받을 자격이 있었다고 생각됩니다. 에베소 교회가 이 편지를 전교인이 모인 자리에서 읽었을지, 신실한 사람들만 따로 모아 읽었을지 생각해봅니다. 물론 전교인이 모인 자리에서 낭독했을 것이지만, 교회의 일은 전교인이 알아야 할 것이 있고, 재직들이 알아야 할 것이 있으며, 소수의 중직만 알아야 할 것도 있습니다. 나라의 일, 군대의 일, 회사의 일도 마찬가지입니다. 1급 비밀, 2급 비밀, 3급 비밀이 있는 것입니다. 모든 사람이 평등하게 모든 정보를 알아야 한다는 생각은 성경적이지 않습니다.

하나님의 말씀은 신실한 사람, 말씀을 잘 받아 실천할 사람이 받아야 합니다. 성령이 감동하여 쓴 성경을 예수님을 믿지 않는 사람은 정확히 받을 수 없습니다. 믿음이 없는 사람이 세상 지식을 공부하듯 하나님의 말씀을 받으면 성경을 오해할 수 있습니다. 나에게 하시는 말씀이라고 생각하고 겸손히 받아야 은혜를 받을 수 있습니다. 물론 모두가 신실한 믿음의 사람이기를 바랍니다.

2절에서 바울은 편지를 읽을 사람들에게 인사하면서 성부와 성자와 성령의 이름으로 축복합니다. 은혜와 평강을 주시는 분은 성령님이시기 때문에 성령님도 이 축복에 포함됩니다. 이 축복에서 바울은 자신을 드러내지 않습니다. 바울은 자신이 아버지의 뜻과 성자의 기름부으심으로 사도가 되었고, 성부와 성자와 성령의 이름으로 축복하며 문안 인사를 하고 있는 것입니다. 그가 주님 안에서 일했고, 쌓은 공로도 많겠지만, 그 공로를 자신에게 돌린다면 철없는 어린아이의 신앙일 뿐입니다. 자기가 쌓은 공로를 하나님께 돌리는 것이 진정한 성도의 모습입니다. 이 본문은 삼위 하나님이 성도를 위해 일하신다는 것을 확실하게 가르쳐줍니다. 우리는 항상 삼위 하나님이 내 편이라고 생각하며 살아야 합니다.

찬송하게 하려는 것

"찬송하리로다 하나님 곧 우리 주 예수 그리스도의 아버지께서
그리스도 안에서 하늘에 속한 모든 신령한 복을 우리에게 주시되
곧 창세 전에 그리스도 안에서 우리를 택하사 우리로 사랑 안에서
그 앞에 거룩하고 흠이 없게 하시려고 그 기쁘신 뜻대로 우리를
예정하사 예수 그리스도로 말미암아 자기의 아들들이 되게 하셨으니
이는 그가 사랑하시는 자 안에서 우리에게 거저 주시는 바 그의
은혜의 영광을 찬송하게 하려는 것이라"(1:3-6).

3절은 "하늘에 속한 모든 신령한 복을 우리에게 복 주시되"라고 말씀합니다. 이는 그리스도로 말미암아 누릴 수 있는 성도의 영적 특권을 말합니다. 이 본문을 보면 에덴동산이 떠오릅니다. 우리는 죄악 된 세상을 살고 있습니다. 살인, 폭력, 가난 등 여러 어려움이 가득한 이 세상을 보면 우리가 어떻게 그 속에서 살 수 있는가 싶습니다. 하나님은 원래 큰 복을 주시려고 사람을 만드셨습니다. 에덴동산을 보면 그것을 잘 알 수 있습니다. 하나님은 에덴동산에 각양 좋은 것을 다 준비해주셨습니다. 아담과 하와가 에덴동산에서 살 때는 기후가 지금과 달랐습니다. 봄날처

럼 따뜻해서 옷을 입지 않아도 될 정도였습니다. 인간이 살기에 가장 좋은 환경이었습니다. 그러나 사람이 죄를 지은 후 많은 것이 변했고, 하나님은 아담과 하와에게 짐승 가죽으로 옷을 지어 입혀주셨는데, 인간이 옷을 입은 최초의 사건입니다.

에덴동산은 하늘나라의 모습을 재현한 것입니다. 우리가 하늘에서 살 때를 준비하신 것입니다. 하나님이 "하늘에 속한 모든 신령한 복을 우리에게 주신다"고 하셨는데, 이것이 바로 창세전에 계획하신 복입니다. 앞으로 우리가 갈 천국에서 받을 복과 같은 내용의 복을 주신다는 것입니다. 그래서 하나님은 인간을 창조하시고, 그들이 마음껏 생육하고 번성하며, 하나님과 교통하고, 성령 충만한 삶을 살 수 있도록 하신 것입니다. 그래서 신령한 복이란 바로 부활의 소망 혹은 천국을 약속하는 복입니다(하지). 성령으로 충만하면 구름 위를 걸어 다니는 기분이 됩니다. 세상에 쓸데없는 것이 잘 보이지 않고 은혜와 복이 넘치는 상태가 됩니다. 세상에서는 영적인 복을 받아도 육적인 복을 받지 못하는 경우가 있고, 육적으로는 풍부하지만 영적으로 복을 받지 못하는 경우도 있습니다. 그러나 에덴동산에서 맛본 복은 영과 육이 모두 풍성한 것이었습니다. 하나님은 이 복을 이미 에덴동산을 통해 사람에게 주셨는데, 비록 그들의 죄로 인해 끊어졌지만 하나님은 그 복을 성도들에게 다시 주겠다고 약속하십니다. 오늘날 하나님을 믿는 우리가 이 세상에서 받을 복은 에덴동산에서처럼 온전한 것입니다.

4절에서 하나님은 “창세 전에”, 즉 아담 이전에 우리를 택하셨다고 말씀하십니다. 하나님은 창세전부터 이미 우리 영혼을 아시고 주실 복을 계획하셨습니다. 이 땅에 태어나는 모든 사람의 영혼이 창세전에 이미 지어진 것인지, 아니면 사람이 태어날 때마다 영혼이 만들어져 이 땅에 보내지는 것인지 확실히 알 수는 없지만, 하나님이 계획하신 대로 아담을 시작으로 육체가 태어날 때마다 영혼을 이 땅에 보내신 것입니다. 그러나 사람의 대표인 아담이 실패하여 그다음에 태어난 인간이 하나님이 계획하신 복을 온전히 받지 못하게 된 것인데, 하나님이 그 복을 다시 받을 수 있는 방법을 알려주신 것입니다. 하나님의 계획은 이 땅에 보내시는 인생이 “거룩하고 흠이 없게 하시려”는 것입니다. 거룩은 세상과 구별되게 사는 것입니다. 그래서 더럽혀진 인생들 가운데서 거룩한 자들과 교제하려고 생각하셨습니다. 이것은 하나님이 거룩하고 흠 없는 분이기 때문입니다. “그 앞에”는 주님 앞을 가리키는데, 이 말을 쓴 이유는 사람들에게는 존경을 받지만 회칠한 무덤 같고 양의 옷을 입은 이리 같은 사람이 있기 때문입니다(크리소스톰).

5절은 “그 기쁘신 뜻대로 우리를 예정하사 예수 그리스도로 말미암아 자기의 아들들이 되게 하셨으니”라고 말씀합니다. “기쁘신 뜻대로”는 하나님이 창세전에 기쁨 가운데 계획하신 것이 있다는 말씀입니다. 그것은 바로 성도들에게 복을 주시려고 예정하신 것입니다. 예정한다는 의미는 그것이 사람에게 속하지 않고 하나님께만 속한다는 뜻입니다. 그 예정은 놀랍게도 택하신 사람을 "아들로 삼으시려"는 것이었습니다. 택함받은 사람은 '하나님의 아들'입니다. 하늘나라에는 성별이 없습니다. 그래서 아들이란 상속자를 뜻하는 것입니다. 하나님은 이런 기쁘신 뜻대로 창세전에 인간을 계획하셨습니다. 그래서 우리가 믿음 안으로 들어가면 계획하신 대로 하나님의 아들이 됩니다.

"예수 그리스도로 말미암아." 이 모든 일에는 예수님이 중요합니다. 뜻은 하나님의 뜻이지만 예수님이 다리 역할을 하시기 때문입니다. 바울은 "예수 그리스도의 사도"로서 지금 "예수 안에 있는 성도에게 편지를 쓰고" 있습니다. 사역자가 행하는 모든 사역은 예수 그리스도를 통한 것입니다. 성부 하나님도 "예수 그리스도의 아버지"입니다. 즉 하나님과 예수님도 부자 관계로서 예수님은 모든 하나님의 자녀 된 믿음의 성도를 대표하는 맏아들이 되십니다. 그다음 아담부터 아들로 만들기 시작하신 것입니다.

히브리어에는 아버지와 아들을 뜻하는 단어만 있을 뿐 손자와 할아버지를 뜻하는 단어가 없습니다. 하나님 나라에는 아버지와 아들만 있습니다. 아담부터 지금까지의 모든 성도는 하나님께 똑같은 아들들입니다. 사람의 나이나 그가 살았던 시대는 아무 상관이 없습니다. 하늘나라에서는 이 땅의 나이로 사람의 나이를 계산하는 것이 아니라 속사람의 나이로 살기 때문입니다. 그런데 이것은 맏아들이신 예수님 안에서만 가능합니다. 원래 하나님이셨던 예수님과 우리는 같은 아들이라고 할 수 없는 큰 신분의 차이가 있습니다. 성부 하나님은 독단적으로 일하지 않으시고 예수님 안에서 행하십니다. 예수님은 창세전에 계셨습니다. 하나님은 그리스도 안에서 우리를 택하셨고, 사랑하시는 예수님 안에서 우리를 흠 없게 하시며, 그리스도로 말미암아 우리를 아들이 되게 하시고, 사랑하시는 자 곧 예수 안에서 우리에게 은혜를 주십니다. 이 모든 것은 영적인 비밀입니다. 바울은 모든 선지자 중 최고 수준에 이른 사람이기에 이런 비밀을 아는 것입니다.

6절에 말씀하는 대로 하나님은 택함받은 우리가 "그 은혜의 영광을 찬송"하게 하시려는 목적으로 이 모든 계획을 세우셨습니다. 천국은 흙과 같은 물질이 없는 하늘나라이고, 에덴동산은 물질이 있는 하늘나라였습니다. 하나님은 우리가 사는 세상이 천국과 같이 되기를 바라시며 창조하셨습니다. 모든 사람이 천국과 같은 생활을 하면서 하나님을 찬양하게 하시려고 창조하셨습니다. 억지로 찬양하는 것이 아닌 하나님의 은혜가 정말 크고 감격스러워서 저절로 찬양이 나오도록 하신 것입니다. 그런 하나님의 뜻을 모른 채 그 모든 복을 누리지 못하고 하나님을 원망하며 불평하고 사는 것은 하나님의 원리에서 벗어나는 것입니다.

아담과 하와가 죄를 지어 에덴에서 쫓겨났으니 우리가 열심히 회개하여 죄를 다 씻으면 하나님이 다시 그 삶을 어느 정도 회복시켜주지 않으실까 생각합니다. 그렇게 되면 우리의 모든 생활 환경이 에덴동산을 닮아갈 것입니다. 부모에게 죄를 짓고 쫓겨난 아들이 죄를 회개하고 용서를 빌며 다시는 그렇게 하지 않겠다고 약속하면 부모는 아들을 다시 받아줍니다. 창조주 하나님은 부모의 마음을 갖고 계신 분이기에 그렇게 해주실 것입니다. 그러므로 성도는 날마다 자기 자신을 흠 없고 거룩하게 하여 하나님이 창조하신 목적에 부합하게 살겠다는 의식을 가져야 합니다. 성도에게 가장 중요한 것은 정결함과 하나님을 사모하는 것입니다.

그리스도 안에서 통일되게

"우리는 그리스도 안에서 그의 은혜의 풍성함을 따라 그의 피로 말미암아 속량 곧 죄 사함을 받았느니라 이는 그가 모든 지혜와 총명을 우리에게 넘치게 하사 그 뜻의 비밀을 우리에게 알리신 것이요 그의 기뻐하심을 따라 그리스도 안에서 때가 찬 경륜을 위하여 예정하신 것이니 하늘에 있는 것이나 땅에 있는 것이 다 그리스도 안에서 통일되게 하려 하심이라"(1:7-10).

에베소서는 바울이 감옥에서 쓴 옥중서신 중 하나입니다. 바울이 쓴 많은 성경 가운데서도 에베소서는 보다 더 깊은 내용을 담고 있습니다. 하나님은 바울이 에베소서를 쓸 때 왜 더 큰 은혜를 주셨을까요? 이는 에베소 교회가 지역적으로 중요한 위치에 있었기 때문입니다. 또한 바울이 감옥에 갇혀 있는 상태에서 쓴 책이기 때문이기도 합니다. 사람은 고난과 환란, 위기 가운데서 더 깊은 이야기가 나옵니다. 그는 깊은 고독 속에서 하나님만 바라보며 이 편지를 쓴 것입니다. 사람들과의 교제와 문화생활을 끊고 기도할 때 우리는 더 깊이 하나님을 알 수 있고, 영적으로 보다 깊어집니다. 그리고 하나님은 더 깊은 하늘의 비밀을 알려주십니다.

바울은 에베소서에서 땅과 하늘 사이를 넘나들며 깊이 이야기하고 있습니다. 그래서 한 절 한 절 깊이 연구할 필요가 있습니다. 하나님의 말씀이기에 이성적인 눈으로는 깊이 알기 어렵고 영적으로 깊이 이해해야 합니다.

바울은 7절에서 우리가 예수님의 피로 말미암아 "속량 곧 죄 사함을 받은 것"을 말하고 있습니다. 주님이 우리 죄를 대신해 피 흘려 죽으셨으므로 우리는 자신의 죄를 미워하며 철저히 회개해야 합니다. 그래야 그리스도의 피가 우리에게 사죄의 영향을 줍니다. 우리가 회개했다고 해서 무조건 죄를 용서받는 것이 아닙니다. 회개는 단순히 우리가 죄를 지어 그 죄를 깨닫고 회개하면 저절로 용서가 되는 것이 아니라, 우리가 죄를 회개했을 때 주님이 그 죄를 "용서해주신다"고 인정해주셔야 실제로 용서받은 것입니다.

우리가 회개할 때 주님은 우리의 회개를 들으시고 그것이 진실성이 있는지 그리고 죄를 지은 만큼 회개했는지 평가하십니다. 그렇기에 우리의 회개가 정말 제대로 된 회개인지, 주님이 그 회개를 받으셨는지 아닌지 모르는데 섣불리 우리가 다 회개했다고 말할 수 없습니다. 용서는 당사자가 용서한다고 해야 성립되는 것입니다. 우리 가운데는 실질적으로 아직까지 회개가 되지 않은 죄가 많은 사람, 회개했다고 말은 하지만 용서받았다는 증거가 없는 사람들이 많습니다.

오늘날 교회의 능력이 사라진 이유를 살펴보면 아직 죄가 사라지지 않아서인 것으로 보입니다. 죄가 있으면 예수 그리스도의 능력이 잘 나타나지 않습니다. 죄를 용서해주시는 예수님이 우리의 회개를 들으시고 용서하셔야 하는데, 주님이 아직 용서하지 않으셨는데 자기 나름대로 회개하고 용서받았다고 착각하는 것이 문제가 아닌가 싶습니다. 많은 사람이 자기 생각대로 회개하고 자기 생각대로 용서받았다고 하면서 이제 축복을 달라고 합니다. 우리가 반드시 알아야 할 것은 회개는 주님이 용서하실 만큼 충분히 해야 한다는 것입니다. 상대의 마음이 감동될 때까지 해야 마땅한 것입니다. 우리의 기도는 아직 충분하지 않습니다. 어떤 죄가 온전히 회개되어 용서되었고, 또 어떤 죄가 아직 남아 있는지를 잘 알아야 합니다.

우리의 죄가 용서받으면 하나님과의 관계는 필연적으로 회복됩니다. 그동안 우리가 지은 죄로 인해 하나님과의 관계가 깨졌습니다. 나와 하나님과의 사이에 어떤 죄가 걸려 있는지를 모르기 때문에 해결하지 못하고 관계 회복에 실패하는 것입니다. 반드시 알아야 할 것은 우리가 죄를 지을 때 우리 몸과 가정, 환경에 악한 영들이 합법적으로 침범해 들어온다는 것입니다. 우리가 죄를 용서받았는지 아는 방법은 이 악한 영이 떠나갔는지를 보면 됩니다. 주님께 죄를 용서받으면 그 죄를 통해 들어온 악한 영은 나갈 수밖에 없습니다.

만일 우리가 가는 길이 형통하지 않고 가난과 질병, 여러 문제로 이해할 수 없는 고통을 당하고 있다면 아직 죄의 문제가 해결된 것이 아닙니다. 우리의 죄를 통해 역사하는 사탄이 아직 남아 있는 죄를 근거로 우리에게 들어와 자꾸 훼방하기 때문입니다. 죄로 인해 하나님의 생명싸개에 온전히 보존되지 못하고 있는 것입니다. 속죄는 충분한 회개를 기반으로 합니다.

하나님은 예수님을 십자가에 못 박으심으로 우리의 죄 문제를 담당하게 하셨다고 말씀합니다. 우리가 하나님께 미움을 받는 것은 죄 때문입니다. 하나님의 아들들인 우리는 하나님이 주시는 복을 받고 살아야 하는데 죄로 인해 쫓겨난 자식이 되었습니다. 하나님께 다시 돌아갈 수 있는 방법은 예수님의 보혈입니다.

하나님의 품에 들어가려면 죄를 해결해야 하고, 그러면 하나님이 우리에게 "지혜와 총명"을 주신다고 8절은 말씀합니다. 이것은 헬라인들이 바라던 것이었습니다(바클레이). 하나님은 지혜와 총명을 기대 이상으로 풍성하고 깊이 있게 주십니다. 노숙자같이 헤매는 우리가 아버지 집으로 돌아가야 이런 은혜를 받을 수 있습니다. 은사로서 지혜와 총명을 얻으면 세상에서 알게 되는 수준이 아니라, 하나님의 능력과 권세와 지혜 같은 영적인 비밀을 알게 됩니다. 아버지가 소유한 많은 지식과 능력을 알아야 친자식입니다. 가슴 아픈 것은 하나님을 제대로 믿는 사람이 어느 시대에나 소수라는 사실입니다. 이 복은 일반적으로 받을 수 있는 복이 아니라 하나님과 친밀한 관계에 있는 사람만 알 수 있고 받을 수 있습니다. 그리고 이 복은 넘치게 주어집니다. 죄 용서를 받고 하나님과 가까워진 사람들은 신비를 체험합니다. 누구나 자신의 죄를 철저히 회개하여 깨끗해지고 하나님의 품에 들어가 그분의 진정한 아들이 되면 지혜와 총명을 받을 수 있습니다.

하나님은 자녀 된 사람에게 "그 뜻의 비밀"을 알게 하신다고 9절에서 말씀합니다. 모든 사람이 다 안다면 그것은 비밀이 아닙니다. 아무도 모르는 것을 알아야 비밀입니다. 예를 들어 성경 자체는 비밀이지만 그것은 모두에게 알려진 것이므로 기본적인 비밀입니다. 다른 한편으로 성경에는 이성적으로는 이해하지 못하고 깊은 영성이 있어야 해석이 가능한 본문이 많습니다. 이것을 아는 것이 좀 더 깊은 비밀을 아는 것이라고 할 수 있습니다. 나아가 성경에는 기록되어 있지 않지만 하나님 나라에는 정말 엄청난 비밀이 많습니다. 하나님이 창세전부터 행하신 일과 큰 비밀을 어떻게 한 책에 담을 수 있겠습니까? 하나님은 주님과 깊은 관계에 있는 사람에게 더 깊은 것을 가르쳐주십니다.

하나님은 회개하여 깨끗해진 사람에게 더 깊은 비밀을 가르쳐주십니다. 바울은 사람들에게 "가히 이르지 못할 말"(고후 1:24)이 있다고 했습니다. 우리가 구원받는 것도 중요하지만 한 걸음 더 나아가 거룩하고 깨끗해져서 하나님과 친밀해지고 하나님의 비밀을 아는 것은 더 중요합니다. "때가 찬 경륜"은 예수님이 성육신하신 것을 가리킵니다(크리소스톰).

10절에서 바울은 갑자기 하늘 이야기를 합니다. 지금까지 한 말들은 단순히 육의 이야기가 아닌 영의 이야기를 포함한 것입니다. 충분한 회개로 주님과 가까워지면 땅의 비밀과 함께 하늘의 비밀까지도 알 수 있습니다. 우리가 회개하면 이 더러운 땅도 사람의 영혼도 하늘처럼 깨끗해지기 때문입니다. 그래서 땅과 하늘이 통일이 됩니다. 통일된다는 의미는 집안 살림이라는 말로 한 집안 살림이 거침없이 돌아가게 된다는 뜻입니다(바클레이). 하나님이 한 가족으로 조정하시는 것입니다. 하나님은 거룩하고 깨끗한 천국과 그곳에 거하는 천군과 천사들과 성도들과 이 세상에 현존하는 사람들이 다 거룩하고 깨끗한 하늘시민이 되기를 원하시는 것입니다. 그리고 이런 위대한 일들이 "그리스도 안"에서 이루어집니다.

하늘에는 거룩한 사람만 아는 거룩의 비밀이 있습니다. 그 하늘 비밀을 땅에 있는 사람도 알 수 있습니다. 이 땅에서나 하늘에서나 한 집안 식구로서 하나님의 통치를 받으며 비밀을 공유할 수 있는 것입니다. 이 땅에서도 천국의 삶을 살고, 하늘에서도 땅의 생활을 알게 됩니다. 죽어서만 천국을 체험하는 것이 아닌 것입니다. 성경을 읽어도 성령이 가르쳐주시고, 우리가 가는 길을 인도해주시며, 그 지도를 따라 그대로 가면 준비된 축복이 있어 이론과 실제가 일치하게 됩니다. 하늘의 무한한 능력과 권세를 힘입게 되는 것입니다. 우리 모두 이런 축복을 받기 위해 회개를 충분히 합시다. 하늘과 땅이 하나님을 알고, 그분의 뜻을 이루어나가는데 통일되며 하나가 되는 것이 하나님의 목표입니다.

하나님의 영광을 찬송하라

"모든 일을 그의 뜻의 결정대로 일하시는 이의 계획을 따라 우리가 예정을 입어 그 안에서 기업이 되었으니 이는 우리가 그리스도 안에서 전부터 바라던 그의 영광의 찬송이 되게 하려 하심이라 그 안에서 너희도 진리의 말씀 곧 너희의 구원의 복음을 듣고 그 안에서 또한 믿어 약속의 성령으로 인치심을 받았으니 이는 우리 기업의 보증이 되사 그 얻으신 것을 속량하시고 그의 영광을 찬송하게 하려 하심이라"(1:11-14).

에베소는 큰 도시로 다양한 인종이 살았습니다. 그러므로 말씀을 듣는 대상이 다양했을 것입니다. 에베소 성도 가운데는 유대인 출신이 많았는데 예수를 믿지 않았으나 에베소에 와서 믿게 된 사람, 또는 신앙의 핍박을 받고 이주해온 사람도 많았을 것입니다. 이처럼 말씀을 들을 사람들의 믿음이 차이가 났음에도 바울은 상당히 깊은 이야기를 하고 있습니다. 그래서 이 편지를 받은 사람들이 그 내용을 잘 이해했을지는 의문입니다.

11절에 나오는"그의 뜻의 결정대로"에서 "그"는 성부 하나님을 가리킵니다. 성부는 모든 일을 결정하십니다. 그리고 예정하십니다. 예수님이 부활 승천하시고 하늘 보좌에 앉으신 후에는 성부에게서 그 권한을 물려받으셨습니다. 그리고 생명책도 함께 물려받으셨습니다. 그러므로 성자의 탄생, 죽음, 부활은 모두 성부가 계획하시고 주도하셨습니다.

성부 하나님이 온 하늘을 함께 다스리던 성자를 어린 아기로 이 땅에 보내는 것을 결정하셨을 때 하늘에 있는 모든 천사는 경악했을 것입니다. 이 세상을 떠나 하늘로 간 구약 시대의 선진들도 예수님이 오시기 전 천국에서 예수님과 함께 있으면서 교제하고 정이 들었을 것이기에 그들도 성자가 이 땅으로 내려가실 것이라는 소식에 놀랐을 것입니다. 물론 그들 가운데는 구약 시대에 예수님이 이 땅에 오실 것을 알고 그 비밀을 예언했던 사람도 많았을 것이지만, 이 땅에서의 삶을 살아보고 세상이 더럽고 험악함을 알았기에 자신들이 죽어 하늘에 올라간 후에는 예수님이 이 땅에 오시는 것을 원하지 않았을 것입니다. 성자 예수님이 이 땅으로 내려가시면 성부가 계시기는 하지만 하늘의 통치자 한 분이 사라지는 것입니다. 그런데도 성부 하나님은 자기의 뜻대로 결정하시고 성자를 세상에 보내셨습니다. 아버지이시고 창조주이시니 그분이 결정하시면 아무도 이의를 제기할 수 없습니다.

그런 성부 하나님의 계획에 따라 성자 예수님이 순종하셔서 이 땅에 오신 것입니다. 이 모든 것이 하나님의 계획이며 성도들의 택함도 성부 하나님의 계획 속에 있는 것입니다. 그러므로 이 땅의 사람 가운데도 하나님이 은혜 주시는 사람, 은혜 주시지 않는 사람이 있고 그리고 천국에 있을 것으로 보이는 영혼 가운데도 축복을 많이 받은 영혼과 축복을 많이 받지 못한 영혼이 있는 것입니다. 모든 영혼이 창조 전에 만들어져서 하늘의 낙원에 있다가 하나님의 계획에 따라 각 시대와 나라에 맞게 보내지는 것입니다. 거기서 택한 자와 아닌 자가 있고, 지도자가 될 사람이 있고 아닌 사람이 있으며, 누구는 이 나라에, 누구는 저 나라에 보내지는 것입니다.

11절에서 바울은 "우리가 예정을 입어 그 안에서 기업이 되었으니"라고 하면서 자신과 성도들이 택함을 받은 것에 감격하고 있습니다. 여기서 "기업"을 뜻하는 단어에는 '몫, 제비 뽑아 얻음'이라는 뜻도 있지만, 우리나라 말로 기업으로 번역한 것이 좋은 해석이라고 생각합니다. 우리는 하나님의 기업을 물려받을 상속자가 되었습니다. 회장의 아들이 대기업을 물려받은 것보다 더 큰 것입니다. 하늘 기업의 주인은 하나님이시지만 우리 자체가 하나님의 기업이기에(벵겔) 하나님은 우리가 많은 열매가 맺기 원하십니다. 성령이 나를 운영하시지만 내가 내 기업을 맡아서 운영하는 부분도 많습니다. 기업을 받은 자는 이 땅에서 일부를 누리고 천국에서도 각자 땅을 얻고 살게 됩니다. 기업은 운영하고 생산을 해야 합니다.

12절에서 부활하고 승천하신 이후 예수님께 주도권이 있으니 모든 것은 "그리스도 안에서"이루어진다고 설명합니다. 기업은 그 운영을 통해 기업의 주인이 얼마나 훌륭한지를 드러내고, 그의 사랑 속에 산다는 사실에 영광을 돌리며 열매도 올려드려야 합니다. 기업을 잘 운영하여 하나님의 영광과 찬송이 되어야 합니다. 이것은 "전부터 바라던" 것으로 이 땅에 보내지기 전부터 모든 인간에게, 특히 택정함을 받은 자에게 바라던 것입니다. 한 영혼이 이 땅에 보내져 행할 일은 오직 창조주 하나님을 기쁘시게 하는 것입니다.

13절에서도 "그 안에서" 한다고 말씀합니다. "그 안"이란 '예수님 안에서'라는 뜻입니다. 우리는 예수님 안에서 구원의 복음을 듣습니다. 이것이 큰 복입니다. 그리고 그리스도를 믿게 됩니다. 이 믿음에 성령이 또한 크게 역사하셔서 믿음이 믿음 되게 해주십니다. 이것이 바로 이루어진 모든 것에 마지막으로 "성령으로 인치신다"는 의미입니다. 성령은 예수 그리스도가 약속하신 보혜사입니다. 우리가 주님을 믿을 때 성령이 인치시고 기름을 부으셔야 그 믿음이 안전해지고 보전됩니다. 그리고 진정으로 주의 소유가 됩니다. 구원은 성부와 성자와 성령이 다 하나 되어 일하심으로 이루어집니다. 그러므로 멸망할 자들을 멸망시키지 않는 인내하는 구원의 복음입니다(크리소스톰).

14절은 "우리 기업의 보증이 되사"라고 말씀합니다. 이는 성령의 인치심 후에 나타나는 일입니다. 성령이 우리 구속의 보증금이며, 성령을 경험하는 것은 하늘에서 누릴 기쁨과 축복을 미리 맛보는 것이라는 것이 바울이 보는 관점입니다. 하나님은 예정하고 택하신 영혼의 죄를 예수님의 피로 용서해주십니다. 택한 영혼이 온전해지기 위해서는 그 죄가 온전히 씻기고 용서되어야 하기 때문입니다. 성령이 이 모든 일에 역사하셨습니다. 이제 하나님의 기업인 성도들이 할 일은 이 모든 일을 계획하시고 행하신 하나님께 영광을 돌리는 것입니다. 하나님은 우리에게 "그의 영광을 찬송하게 하려" 하십니다. 우리가 진리대로 살아갈 때 하나님의 자랑거리가 됩니다. 이 영광이 완전히 우리의 것이 되기 전까지는 완성된 것이 아닙니다. 우리가 먼저 온전해야 합니다(렌스키).

바울이 기도하다

"이로 말미암아 주 예수 안에서 너희 믿음과 모든 성도를 향한 사랑을 나도 듣고 내가 기도할 때에 기억하며 너희로 말미암아 감사하기를 그치지 아니하고 우리 주 예수 그리스도의 하나님, 영광의 아버지께서 지혜와 계시의 영을 너희에게 주사 하나님을 알게 하시고 너희 마음의 눈을 밝히사 그의 부르심의 소망이 무엇이며 성도 안에서 그 기업의 영광의 풍성함이 무엇이며 그의 힘의 위력으로 역사하심을 따라 믿는 우리에게 베푸신 능력의 지극히 크심이 어떠한 것을 너희로 알게 하시기를 구하노라"(1:15-19).

15절에서 바울은 옥중에 있지만 에베소 교회에 대한 이야기를 들었습니다. 당시 로마의 감옥은 어느 정도 개방되어 있어서 사람들이 방문하여 이야기를 나누는 것이 허용되었습니다. 그래서 여러 성도가 방문해 바울과 소식을 주고받았습니다. 바울은 그들을 통해 에베소 교회에서 일어나고 있는 은혜로운 이야기를 듣고 기뻐했습니다. 교회와 주의 나라가 잘 되면 기뻐하는 것이 목회자가 가져야 할 바른 마음입니다. 에베소 교회는 바울이 떠난 빈자리를 다른 지도자가 채워나가고 있었기에 바울은 더 이상 자신과 관계가 없는 듯 여길 수도 있었지만 그는 자기 일처럼 기뻐했습니다.

바울이 기뻐한 것은 에베소 교회 교인들의 "믿음" 때문입니다. 바울은 에베소 교회 성도들이 하나님을 잘 믿고 믿음 안에서 잘 자라는 것을 기뻐했습니다. 믿음은 하나님이 주시는 선물입니다. 하나님의 은혜가 아니면 믿음이 자라지 못합니다.

또한 "사랑"이 있었습니다. 먼저 성도는 하나님의 사랑을 잘 받아야 다른 성도들과 서로 사랑할 수 있습니다. 자신이 먼저 은혜를 받아서 윤택하고 풍성해져야 주변 사람을 돌볼 수 있는 여유가 생깁니다. 사랑을 베푸는 것은 인간적인 의지로도 가능하지만 이것은 성경의 원리에는 맞지 않습니다. 이 경우 그 사랑은 율법적인 의무가 됩니다. 그러나 하나님의 사랑으로 충만해지면 그 사랑은 자연스럽게 주변으로 넘쳐흐르게 됩니다. 그러므로 우리는 하나님의 사랑에 충만히 잠겨야 합니다. 에베소 교인들이 서로 사랑한 것을 보면 그 교회 안에 하나님의 은혜가 충만했음을 알 수 있습니다. 물론 지도자를 통해 교회에 은혜가 임하지만 그것은 은혜가 내려오는 통로 중 하나이고, 성도가 직접 하나님께 기도하면서 은혜를 받을 수 있습니다.

16절에서 바울은 에베소 교회가 잘 성장하고 있기에 그 교회를 위해 기도할 때 기쁘다고 했습니다. 에베소 교인 한 사람 한 사람을 떠올리면서 기도하는데 교회가 은혜로운 모습을 보여주니 저절로 감사가 나온다는 것입니다. 바울은 감옥에 갇혀 사람들을 자주 만나지 못하고 혼자 있는 시간이 많았기에 주님을 바라보는 시간이 많고 기도도 집중할 수 있어서 더 많이 감사할 수 있었을 것입니다. 우리는 어디에서도 감사할 수 있습니다. 성도는 교회에 있거나 집에 있거나 어디에 있든지 간에 자기가 있는 곳을 감옥이라 여기고 주변 사람을 의식하지 말고 기도하면 좋겠습니다. 다른 사람들과 교제하는 것을 최대한 줄이고 하나님께 집중해야 합니다.

17절이 중요합니다. 하나님은 우리가 하나님을 "알게" 하십니다. 하나님은 우리에게 보이지 않으시기 때문에 우리가 하나님을 알기 어렵습니다. 우리는 보통 다른 사람과 5년 정도 같이 지내면 그 사람을 알 수 있다고 합니다. 우리 눈에 보이는 사람도 몇 년을 사귀어도 깊이 알기 어려운데 보이지 않는 하나님을 우리가 어떻게 쉽게 알겠습니까. 그런 인간이 하나님을 알게 된다는 것은 어마어마한 복입니다. 바울이 살던 시절 로마 사회는 앎을 강조했습니다. 당시 로마는 그노시스, 즉 지식을 사모하고 추구했습니다. 특히 그리스는 지식이 많이 발전한 나라였습니다. 그들은 세상적인 지식 곧 문화, 종교, 철학을 많이 알았습니다. 그런데 우리가 그보다도 더 귀하신 하나님을 알게 되는 것입니다.

하나님을 아는 방법은 "지혜와 계시의 영"을 받는 것입니다. 하나님이 우리에게 지혜와 계시의 영을 주셔야 우리가 하나님을 알 수 있습니다. 이 지혜와 계시의 영은 은사라고도 할 수 있고 성령을 말씀한다고 할 수도 있습니다. 지혜는 미래를 살아가는 능력이고, 계시는 하나님이 자신을 나타내 보이시는 것을 말합니다. 지혜와 계시의 은사가 있어야 그리고 지혜와 계시의 성령이 우리에게 임하셔야 우리에게 하나님을 아는 지식이 생깁니다. 하나님을 깊이 아는 것은 성도에게, 특히 교회의 지도자들에게 가장 중요합니다. 신적인 앎을 얻으려면 지혜의 근본이신 하나님과 친밀해져 그분의 음성을 듣고, 환상으로 보며, 그분이 주시는 감동을 받아야 합니다. 계시는 하나님이 우리에게 자신을 나타내시는 것을 말하는데, 계시의 첫째는 성경입니다. 성경은 하나님의 말씀이기 때문입니다. 또한 역사를 보면 하나님은 선지자들을 통해서도 우리에게 자신을 계시해주신 것을 알 수 있습니다.

지난 2천 년 동안 하나님은 자신이 쓰시는 사람들을 통해 자신을 나타내셨습니다. 하나님이 오시면 일종의 계시를 받습니다. 이 계시는 근본적으로 성경에 기록할 정도의 계시는 아닙니다. 한국교회는 계시에 대해 부정적인 인식이 강합니다. 사실 요즘 하나님께 계시를 받았다는 사람들 중 거짓말인 경우나, 하나님을 조금 체험한 것을 가지고 자신이 교회사적으로 대단한 위치에 있는 것처럼 행사하거나 부풀려 말하는 경우가 많습니다. 거기서 그치는 것이 아니라 그런 사람들이 하나님의 음성을 듣지 못한 지도자들을 무시하거나, 자신이 받았다고 주장하는 하나님 말씀을 따르도록 강요하는 일들로 인해 교계 안에서 그런 사람들을 배척하고 있기도 합니다. 계시의 내용이 가정과 교회에 피해를 주는 것이라면 그것을 하나님의 계시로 인정할 수 없습니다. 주님은 그런 말씀을 주실 리가 없기 때문입니다.

이런 문제들로 인해 교회 지도자들이 이 말씀을 본문으로 설교하기를 꺼리는 경우가 많습니다. 하지만 성경에서 말씀하는 이 거룩한 영을 제대로 받으면 성경 말씀대로 하나님을 잘 알 수 있습니다. 우리 믿음의 대상에 대해 잘 아는 것은 정말 중요합니다. 주님이 신랑이시고 우리가 신부인데, 신부라면 신랑을 잘 알아야 하지 않겠습니까. 신부는 신랑의 위대함을 잘 알아야 합니다. 그러므로 성도는 성경도 많이 보지만 기도를 많이 해서 이 지혜와 계시의 영을 받아야 합니다. 하나님을 잘 아는 길은 이 은사를 받는 것입니다.

교회는 하나님을 믿는 믿음이 있는 성도들이 모인 공동체여야 하고, 하나님과 깊은 교제를 나누는 사람이 많아야 하며, 그런 사람이 교회 안에서 존경을 받아야 합니다. 교회 안에서 자신이 경제적인 능력이 있거나 세상에서 직위가 높은 것을 가지고 힘을 행사하려고 해서는 안 됩니다. 하나님을 깊이 알려면 영광의 하나님이 은혜를 주셔야 합니다. 아무리 이성적으로 노력하고 여기저기서 지식을 쌓아도 하나님을 알기는 어렵습니다. 그리고 혹시 지식적인 실력을 쌓을지는 몰라도 진정한 앎은 쉽지 않습니다. 진정한 '앎'은 지식적, 감정적, 영적, 육체적으로 아는 것입니다.

18절에 나오는 "너희 마음의 눈을 밝히사"라는 말씀은 영적인 시력을 말합니다(렌스키). 영적인 눈이 열려야 주님의 진실하신 뜻을 알게 되고,

주님이 우리를 부르신 소망이 무엇인지 알게 됩니다. 주님은 이 땅에서 성도가 하나님의 자녀로 살며 복을 받기 원하시고, 하늘에서도 큰 축복을 주시기 원하십니다. 또 성도에게 허락하신 기업의 영광의 풍성함이 무엇인지 알게 됩니다. 즉 믿음 안에서 하나님이 우리에게 주신 기업이 무엇인지, 그 기업이 얼마나 영광스럽고 풍성한지를 알게 된다는 것입니다. 하나님의 기업은 이 땅에도 있고 하늘에도 있습니다. 특히 하늘에서 받는 그 영광스러운 기업은 우리의 직책과 천국 생활에서 크게 나타납니다. 이것이 바로 믿는 자가 받을 복입니다.

19절에서 말씀하는 "그의 힘의 위력으로 역사하심"을 알게 됩니다. 즉 하나님의 능력과 권세가 얼마나 크신지를 알게 된다는 것입니다. 하나님이 성도에게 "베푸신 능력"이 너무도 큽니다. 사탄의 훼방을 뚫고 지은 죄를 용서하시고, 예수 그리스도를 보내시는 그 은혜의 능력은 상상하기조차 힘이 듭니다. 바울은 성도들이 이러한 사실들을"알게" 되기를 구하는 것입니다. 사람이 지식이 있더라도 그 지식으로 무엇을 아는지가 중요합니다. 우리는 하나님의 지혜, 그분의 능력을 진정으로 알아야 합니다.

하나님을 알고 체험하고 싶어도 벽을 느끼는 사람들이 많습니다. 성경을 보거나 열심히 신학 서적을 찾아보거나, 아니면 사람들을 찾아다니며 물어보아도 부족하여 결국 한계에 부딪히는 경우가 많습니다. 그런데 신기한 것은 죄를 회개하고 깨끗해지면 머리가 맑아지고 머리 위에 있던 먹구름이 걷히면서 신비한 세계를 보게 됩니다. 하나님과 우리 사이에 막힌 구름을 뚫고 직접 하늘을 보게 되니 속이 시원해지고 모든 의문이 풀립니다. 죄를 회개해서 그 죄가 떠나고 깨끗해지면 지혜와 계시의 성령이 우리에게 들어옵니다. 머리 위의 먹구름이 완벽히 걷혀야 빛이 잘 내려옵니다. 그래야 성도에게 베푸신 능력이 얼마나 큰지를 알게 됩니다.

하나님이 성도 각자에게 내리신 그 큰 은혜는 말로 다할 수 없습니다. 그 자신이 이 세상의 어떤 것과도 바꿀 수 없는 소중한 존재요, 영혼인 것입니다. 그러므로 하나님을 알게 되면 행복해집니다. 주님을 향하여 날마다 감사가 나옵니다. 하나님과 대화하면서 그분이 많은 것을 가르쳐 주시니 항상 마음이 기쁩니다. 모든 성도, 특히 모든 회개하는 자에게 하나님은 이 복을 주실 것입니다.

그리스도를 높이시다

"그의 능력이 그리스도 안에서 역사하사 죽은 자들 가운데서 다시 살리시고 하늘에서 자기의 오른편에 앉히사 모든 통치와 권세와 능력과 주권과 이 세상뿐 아니라 오는 세상에 일컫는 모든 이름 위에 뛰어나게 하시고 또 만물을 그의 발 아래에 복종하게 하시고 그를 만물 위에 교회의 머리로 삼으셨느니라 교회는 그의 몸이니 만물 안에서 만물을 충만하게 하시는 이의 충만함이니라"(1:20-23).

20절은 죽은 자를 살리시는 성부 하나님의 "능력"을 말씀합니다. 성부 하나님이 예수님을 죽은 자 중에서 "다시 살리"셨습니다. 하나님은 예수님 가운데 계속 "역사"하셨습니다. 주님은 하나님이시지만 또한 온전한 인간이셨기에 십자가 죽음 앞에서 고통당하실 때 하나님이 힘을 주셨습니다. 죄로 죽는다는 것은 하나님 아버지께 버림받는 것입니다. 그래서 주님은 십자가에서 "엘리 엘리 라마 사박다니" 하고 외치신 것입니다. 주님은 이 땅에 오시기 전 저 천국에 계시면서 천국을 통치하시고 믿음의 선진들과 함께 계시다가 내려오신 것입니다. 주님이 아기로 이 땅에 오시는 이유가 이런 고난을 당하고 죽으시는 것이었기에 예수님이 이 땅에 오시는 것을 하늘의 천사들과 선진들이 슬퍼했겠지만, 이에 대한 하나님의 뜻이 확고하시고 이것이 인류가 구원받을 유일한 방법이기에 아기 예수님으로 오신 것입니다. 주님은 육체를 가진 사람으로 오셨기에 십자가의 고통을 느끼셨습니다. 인간의 죄를 모두 지시고 그 무거움도 아셨습니다.

예수님이 죽은 나사로를 다시 살리신 것도 마찬가지로 하나님의 능력입니다. 예수님은 자신이 죽은 후 다시 살아나실 것과 마지막 때에 죽은 자들이 살아날 것을 아셨습니다. 주님은 삼위일체 하나님이 아담을 만드실 때 함께 계셨고 함께 만드셨습니다. 흙덩어리에 하나님의 호흡인 성령이 들어가시니 사람이 된 것처럼, 성령이 사람 몸 안에 들어가면 죽은 자도 살아나는 것입니다.

성령은 아담, 즉 사람을 만드실 때와 두 번째 아담인 예수님이 태어나시고 부활하실 때도 역사하셨습니다. 첫 아담과 두 번째 아담인 예수님의 창조는 의미상 같은 것입니다. 그리고 첫 아담의 실패를 두 번째 아담이 성공으로 바꾼 것입니다. 이런 성령의 역사하심에는 성부 하나님의 뜻이 있었습니다. 그러므로 주님은 성부 그리고 성령이 역사하여 자신을 살리실 것을 아셨습니다. 그리고 주님이 고난을 당하시다가 죽으셨지만 성부 하나님은 부활하신 예수님을 하늘의 하나님 "보좌 오른편"(히 8:1)에 앉히셨습니다.

성부 하나님은 형체가 없으십니다. 성부 하나님은 빛 덩어리와 같고 성령 하나님도 바람과 같아 형체가 없으십니다. 삼위 하나님의 대표는 형체가 있으신 예수님입니다. 구약에서는 예수님이 "여호와의 사자"로 많이 등장하셨습니다. 예수님이 보좌 오른편에 앉으셨다는 것은 보좌에 앉으셨다는 것입니다.

예수님이 보좌에 앉으셔서 하나님이 물려주신 생명책을 가지시고 온 우주의 통치자가 되신 것입니다. 지금은 천국과 이 땅과 마귀의 세상인 지옥까지 다 예수님이 관할하십니다. 마귀들은 주님의 통치를 받으므로 지금도 존재하고 있는 지옥에서 자기 마음대로 나올 수 없는 것입니다. 천사들이 지옥을 지키고 있으며, 때가 되어 허락이 있어야 나올 수 있습니다. 하늘의 모든 권세가 성부에게서 성자로 옮겨진 것은 이 땅에서 예수님이 인류의 죄를 대신 지고 죽으셨기 때문입니다.

21절에서 바울은 예수님이 "모든 이름 위에 뛰어나게 되셨다"고 말하고 있습니다. 이 세상 모든 것은 이름이 있고 수많은 신도 이름이 있습니다. 바울은 여러 나라를 다니면서 또 당대 최고로 문물이 발달했던 그리스를 돌아보면서 그곳의 신들을 알아보고 연구했습니다. 그가 모든 것을 배우고 보고 나서 노년에 쓴 책이 바로 에베소서입니다.

그렇게 해서 그가 내린 결론은 "모든 이름 위에 뛰어나신 분"이 예수 그리스도시라는 것입니다. 주님은 모든 것들 위에 뛰어나십니다. 여기서 "모든 통치와 권세와 능력과 주권"은 무엇일까요? 그것은 주로 사탄에 대해 쓰는 말입니다. 이 말은 주로 사탄에 대해서 쓰고 어떤 때는 천사에 대해서도 쓰며, 혼용해서 쓸 때도 있는데, 악령과 천사는 모두 영적 세계의 존재입니다(롬 8:38, 고전 15:24). 결국 이 말의 뜻은 모든 영적인 존재보다 예수님이 더 뛰어나시다는 것입니다.

하나님의 보좌 앞에는 네 생물이 공중에 떠 있고 그 앞에 일곱 천사장이 있습니다. 요한계시록에 언급된 심판할 때 나오는 일곱 천사는 일곱 천사장이 나오는 것이 아니라 보좌 밑에서 통로가 생겨 그곳으로 천사들이 우르르 나오는 것입니다. 그들은 징계를 내리는 천사로 우박과 불로 징벌을 내립니다. 천사들은 저마다 직위가 다르고 하는 일이 다릅니다. 바울은 그 모든 것을 다 보았습니다. 천국에 있는 이십사 장로도 보았고, 먼저 간 선진들도 보았으며, 천사들과 천국에 있는 모든 존재를 보고 나서 주님의 이름이 가장 높다는 것을 알게 된 것입니다. 천사장과 네 생물, 수많은 천군천사와 모든 사람을 다 합해도 예수님과 비교할 수 없는, 예수님이 가장 뛰어나시다는 것을 표현한 것입니다. 그분은 "이 세상뿐 아니라 오는 세상에" 모든 이름보다 뛰어나십니다. 바울은 예수님을 정확하게 표현했는데 이것은 그가 이 세상과 영적 세계를 그 누구보다 깊이 알고 있기 때문에 가능한 것입니다. 사도 요한이 계시록을 쓰면서 천국을 가장 많이 보았고 그다음으로는 바울이 천국을 많이 보았을 것입니다. 예수님은 천사장과 천국의 모든 것, 지옥과 모든 것, 이 땅의 통치자와 모든 것보다 더 뛰어나신 분입니다.

22절은 "만물을 그의 발 아래에 복종하게 하신다"고 말씀합니다. 성부 하나님이 그렇게 하셨습니다. 모든 존재, 무형과 유형의 존재가 모두 주님께 복종하게 됩니다. 온 우주와 자연과 온갖 동물과 식물도 당연히 주님의 통치를 받아야 합니다. 온 인류 또한 예수님의 통치 안에 있습니다. 교회는 더욱 그렇습니다. 교회는 구원받은 사람의 모임으로 많은 사람이 모여도 교회이고, 한 사람만 있어도 그 안에 예수님이 계시니 교회입니다. 하나님도 삼위일체이시지만 각각 계셔도 하나님이시고 모두 모이셔도 한 하나님입니다. 그런데 예수님은 온 교회의 머리가 되십니다. 예수님을 상징하는 석류를 보면 머리 부분에 왕관을 쓰고 있고 그 안에 씨를 품고 있는 형태를 취하고 있습니다. 왕이신 예수님이 성도를 품고 계시는 모습과 흡사합니다. 주님 손에서 벗어나 살 수 있는 사람은 이 세상에 아무도 없습니다. 모든 사람이 주님의 통치 아래 있습니다. "교회의 머리"가 그리스도이므로 그가 하늘 보좌 앞에 가시므로 주님의 몸인 교회도 천국 보좌 앞에 놓였습니다(크리소스톰).

23절에서 "교회는 그의 몸이니"라고 합니다. 교회는 곧 예수 그리스도의 몸인 것입니다. 이 몸에 성부와 성자와 성령의 은혜가 함께 머뭅니다. 삼위 하나님은 만물 안에서 "만물을 충만하게 하시는" 능력이 있으므로 교회를 충만하게 하실 수 있습니다. 하나님은 모든 만물의 왕이시므로 그 충만함으로 교회를 품어주시니 주님 안에서 교회가 부족함 없이 만족할 수 있고 걱정이 없게 됩니다. 우리가 정말 주님 안에 있다면 진정한 교회가 되고 말씀처럼 그렇게 되는 것이 당연합니다. 하나님이 우리 속에 계시면 성도는 날마다 충만해야 합니다. 온 우주를 소유한 주인이신 하나님이 모든 것을 충만하게 하시는 분이신데, 내가 충만하지 않은 것은 내가 주님을 충만하게 받아들이지 않았거나, 정말 내 주인으로, 내 머리로, 내 가장으로 받아들이지 않았기 때문입니다. 하나님을 모시면 인생을 사는 것이 즐겁고 매일매일 기대됩니다.

하나님은 물질, 지혜, 계시 등 모든 것이 다 충만한 분입니다. 바울은 하늘 세계를 직접 보고 왔기에 글로 쓸 수 있었습니다. 바울은 천국과 지옥을 다 알고 영의 세계에 통달한 사람입니다. 교회는 만물을 가지고 있으면서 만물을 채워주는 일을 하는 것입니다(박윤선).

2장_하나님이 거하실 처소

Ephesians

공중에 권세 잡은 자

"그는 허물과 죄로 죽었던 너희를 살리셨도다 그 때에 너희는 그 가운데서 행하여 이 세상 풍조를 따르고 공중의 권세 잡은 자를 따랐으니 곧 지금 불순종의 아들들 가운데서 역사하는 영이라 전에는 우리도 다 그 가운데서 우리 육체의 욕심을 따라 지내며 육체와 마음의 원하는 것을 하여 다른 이들과 같이 본질상 진노의 자녀이었더니 긍휼이 풍성하신 하나님이 우리를 사랑하신 그 큰 사랑을 인하여 허물로 죽은 우리를 그리스도와 함께 살리셨고 (너희는 은혜로 구원을 받은 것이라)"(2:1-5).

사도 바울은 에베소에서 신앙생활하는 신실한 성도들에게 이 에베소서를 썼습니다. 바울은 "예수 안에 있는 신실한 자들"(1:1)이라고 하면서 이 편지의 대상을 확실하게 언급했습니다. 예수님을 믿지 않는 사람도 성경을 읽을 수 있습니다. 특히 문학을 전공하는 사람은 성경을 많이 읽습니다. 하지만 이 서신은 예수는 알지만 아직 믿지 않는 사람들, 교회는 다니지만 회개하지 않고 예수를 확실히 믿지 않는 사람들을 대상으로 한 것은 아닙니다. 하나님을 그리고 영적인 사실을 받아들일 만한 수준이 되지 않는 사람에게 깊은 이야기를 하면 그들은 받아들일 수 없을 것입니다. 학교에서도 학년이 올라가는 것에 따라 학업 수준을 높이며 단계별로 깨닫게 합니다. 에베소서에는 영적으로 수준 높은 내용이 많이 나옵니다. 그래서 누구나 읽을 수는 있지만 예수 안에 있는 신실한 자들이 읽어야 합니다.

에베소서의 내용은 2장부터 깊어집니다. 1절에서 주님은 "허물과 죄로 죽었던 너희를" 살리셨다고 합니다. 에베소 교회에는 수많은 이방 사람이 예수님을 믿고 교회에 나오고 있었는데, 그들을 향하여 "허물과 죄로 죽었다가 다시 산 자"라고 말하는 것입니다. 그 허물과 죄는 크든 작든, 실수이든 의도한 것이든 죄가 있다는 것으로, 죄를 지으면 죄 값으로 우리는 이미 죽은 것입니다. 죄가 성행하는 곳에는 모든 영적 생활이 잠들고 맙니다(매튜 헨리). 그러므로 죄짓는 순간 우리는 영적으로 죽은 자가 됩니다. 그리고 죄는 흔적이 남습니다. 죄를 지은 순간 마귀가 역사하여 그 사람을 생명의 길에서 떠나 죽음의 길로 방향을 틀게 만들기 때문입니다. 작은 죄를 지으면 작은 영이, 큰 죄를 지으면 큰 영이 역사합니다. 그리고 특별한 일이 없는 한 그 길을 가고 끝내 멸망의 자식이 됩니다.

그런데 예수 그리스도가 죽음의 길을 가고 있는 자들에게 오셔서 생명의 길로 돌이키게 하셨으므로 그들이 살았다고 하는 것입니다. 그러므로 예수님을 믿는 자는 이제 산 자입니다. 하지만 살아있다는 말을 들을 사람은 모든 사람이 아닌 예수 안에서 신실한 자만 해당합니다. 이제 겨우 교회에 출석하여 복음의 말을 잠시 들었다고 해서 “살았다”고 할 수 없습니다. 말씀의 씨앗이 가슴에 떨어져 말씀이 믿어지고, 믿은 대로 행동으로 옮기거나, 옮길 만한 믿음이 있어야 합니다. 그리고 회개해서 깨끗해져야 합니다. 그래야 신실하거나 진실해집니다. 그래서 예수 안에 있는 신실한 자가 되는 것이 선행 조건인 것입니다. 예수님이 그런 자들을 살리시는 것입니다. 신실한 자는 거룩하고 진실한 자를 가리키므로 회개하여 깨끗하게 된 자를 말하는 것입니다.

2절에서 “그 때에”는 예수님을 믿기 전을 말하는데, 그 때에 그들은 공중의 권세 잡은 자를 따랐습니다. “공중의 권세 잡은 자”는 마귀를 말합니다. 하늘 위에는 하나님이 계시고 이 땅에는 사람들이 살고 있습니다. 그 사이 공중을 마귀가 차지하고 있는 것입니다. 공중은 이 땅도 포함합니다. 그래서 예수님을 믿지 않는 사람들은 마귀와 상관없이 스스로 자유롭게 사는 것 같지만 사실 마귀를 따르고 있는 경우가 상당히 많습니다. 고대 사람들은 악마를 열심히 믿었습니다(바클레이). 필로는 공중 어디에나 많은 영이 날아다니고 있다고 했습니다. 어느 시대나 사람들은 마귀의 존재를 알고 있었습니다. 문제는 그들을 물리칠 방법을 모를 뿐 아니라 오히려 숭배한 것입니다. 마귀는 예수님을 믿지 않는 자들에게 역사합니다.

그리고 “불순종하는 자들”에게 역사합니다. 예수님 말씀에 순종하지 않는 자들은 예수님 안에 있지 않은 것입니다. 마귀는 그런 자들의 몸을 안팎으로 감아 역사합니다. 마귀는 뱀이나 용과 닮았기 때문에 사람의 몸을 감고 자기 뜻대로 휘두릅니다. 또 예수님을 믿는다고 해도 하나님 말씀에 불순종하면 사탄이 역사하므로 교회에 다닌다고 해도 마귀가 공격하고 있는 사람들이 많습니다. 마귀는 "지금도" 불순종하는 자들에게 역사합니다. 마귀의 놀이터가 그곳이기 때문입니다. 불순종의 사람에게는 그의 배후에서 마귀가 역사합니다. 바울은 마귀들이 역사하는 것을 직접 보았기 때문에 이렇게 말할 수 있는 것입니다. 하나님 말씀에 불순종하는 것은 마귀의 꼬임에서 벗어나지 못한 증거입니다. 바울은 이렇게 영적 세계에 대해 말할 수 있을 만큼 수준이 높았습니다.

모든 사람은 죄를 지었고, 그들은 그 죄를 통해 역사하는 크고 작은 마귀들을 끌고 다니고 있습니다. 에베소 교회에 나오는 이방인들은 과거에 그런 죄 가운데서 행하였고, "이 세상 풍습"을 좇은 자들이었습니다. 이 세상 풍습 역시 사탄의 꼬임과 지배를 받은 자들이 만들어낸 문화가 거의 대부분입니다.

바울은 3절에서 우리도 과거에 다 그런 상태로 살았다고 고백합니다. 이렇게 마귀가 역사하는 사람들은 "육체의 욕심을 따라" 삽니다. 육체의 욕심대로 살면 주님께 불순종하게 되고, 불순종한 자에게는 공중의 권세 잡은 자가 역사하며, 공중의 권세 잡은 자가 역사한 사람은 다시 육체의 욕심대로 살게 되는 악순환이 벌어집니다. 육체는 우리 속에서 죄에 대해 기회를 줍니다(바클레이). 육체의 욕심을 따라 사는 삶은 "육체와 마음의 원하는" 대로 사는 것으로, 그런 삶이 바로 죄라는 것입니다. 그것은 하나님이 없는 우리의 육체와 마음이 더럽기 때문입니다. 마음은 영혼이라고 할 수 있습니다. 영혼도 죄로 인해 더러워질 수 있습니다. 그래서 우리는 우리의 마음을 절대적으로 신뢰할 수 없는 것입니다. 우리 마음도 마귀의 앞마당이 될 수 있습니다.

바울은 우리가 지금은 예수님을 믿지만 과거에는 죄인이었다는 것을 말하면서 "본질상 진노의 자녀"였다고 표현합니다. 하나님의 진노는 죽음이므로 진노의 자녀라는 것은 죽음의 자녀라는 뜻입니다. 죄가 있으면 누구든지 하나님의 진노를 피할 수 없습니다. 하나님이 창조하신 인간이 하나님이 심판하시는 대상이 되었습니다. 바울도 이 말씀을 기록하면서 두려웠을 것입니다.

4절과 5절은 희망적인 말씀입니다. 하나님은 "긍휼이 풍성하신" 분입니다. 여기서 '긍휼'은 '은혜', '자비', '동정심'이라는 뜻을 지니는 말로, 그것은 단순한 동정의 차원을 넘어 실제적인 도움을 베푸는 동정을 의미합니다(에디). 이처럼 하나님은 우리를 큰 사랑으로 사랑하신 것입니다. 하나님의 사랑 가운데 가장 큰 사랑은 아들 예수 그리스도를 이 땅에 내어주신 것입니다.

5절을 보면 하나님은 "허물로 죽은 우리를 살리"셨습니다. 우리는 이미 죽은 자와 같습니다. 아담과 하와가 죄를 지은 순간 하나님이 진노하심으로 아담뿐 아니라 모든 인간의 영생은 사라졌습니다. 영혼이 죽은 상태로 더러워진 모습이었습니다. 그래서 공중의 권세 잡은 자, 곧 마귀가 우리에게 와서 우리 인생을 분탕질했습니다. 하지만 하나님은 그런 우리를 그리스도와 함께 살리셨습니다. "함께" 살리셨다는 것은 예수님도 우리처럼 죽으셨다는 말입니다. 주님이 우리와 함께 죽었다가 사신 것입니다. 그러므로 우리 영혼의 소생은 우리가 그리스도와 연합함으로 생긴 결과입니다(매튜 헨리). 그래서 우리의 구원은 하나님의 은혜입니다.

그런데 구원은 하나님의 은혜라는 말을 오해하는 사람들이 많습니다. 구원파는 한 번 예수님을 믿는다고 고백하면 영원히 구원을 보장받는다고 설명합니다. 그 구원을 이루는 중요한 선행 조건들을 다 빼버리고 은혜 구원만 강조하면서 구원을 받은 사람의 행위의 중요성은 말하지 않는 것입니다. 그래서 교회에 처음 나온 사람도 예수님을 믿겠다는 말만 하면, 즉 지식적으로 깊이 하나님을 만난 것도 아니고, 마음으로도 아직 깊이 받아들이지 않았으며, 행동으로도 신실한 자의 모습을 보여주지 못하는데도 그리고 믿는 자로서 어떤 표시나 열매가 없는데도 구원받았다고 말하는 경우가 있습니다. 지식적인 분명한 동의와 마음으로 온전히 믿는 것 그리고 행위를 뺀 구원론은 잘못된 것입니다. 구원의 역사에는 깊은 회개가 중요합니다. 철저한 회개 없이 교회에 나오자마자 예수님을 믿는다는 말만 하면 구원받았다는 것은, 오늘 본문에 나온 하나님을 믿을지라도 불순종하면 그 사람에게 공중의 권세 잡은 자가 역사한다는 사실을 간과한 것입니다. 은혜로 구원받는 사람은 "예수 안에 있는 신실한 자"(엡 1:1)입니다. 오늘 본문은 바로 신실한 자의 구원을 말하고 있습니다.

바울은 은사에 대해, 마귀에 대해, 천국에 대해 여러 성경을 통해 이야기하면서 우리에게 영적 세계를 정립해주었습니다. 그가 영적 세계를 직접 보고 체험한 후 말한 것이기 때문에 더욱 실제적이고 확실합니다. 공중의 권세 잡고 있던 마귀가 지금까지 죄인을 사로잡고 있었는데, 단지 교회에 한두 번 나와 예수님을 믿겠다는 한 마디를 했다고 해서 마귀가 물러갈 것이라 생각하는 것은 영적 무지의 소산입니다.

하지만 예수 안에 있는 신실한 자에게는 예수의 영이 역사합니다. 예수 안에 있다는 말이 바로 예수의 영이 역사하는 곳 안에 있다는 말입니다. "너희는 은혜로 구원을 받은 것이라"(엡 2:5). 우리는 우리의 행위가 아닌 은혜로 구원을 받지만 먼저 우리가 지은 죄를 회개하고 예수 안에 있는 신실한 자가 되어야 합니다. 그러면 예수 안에 있는 우리에게 마귀는 역사하지 못하고 예수의 영, 성령이 역사하십니다. 예수의 영이 역사하는 만큼 마귀의 영이 물러가고, 마귀의 영이 역사하는 만큼 예수의 영은 떠나십니다. 이러한 모든 과정에 하나님이 역사하심으로 우리는 은혜로 구원을 받는 것입니다.

우리 모두 주님 안에 붙어 있으려고 노력해야 합니다. 최대한 죄와 허물을 줄이고 회개하여 깨끗하게 해야 합니다. 그러다가 죄를 지으면 또 회개해야 합니다. 그리고 우리의 모습이 점점 변화되어야 합니다. 예수의 영은 살리는 영이고 마귀는 죽이는 영입니다. 성령이 우리에게 역사하시면 인생이 생기가 돌고 살맛이 나게 됩니다.

믿음은 선물이다

"또 함께 일으키사 그리스도 예수 안에서 함께 하늘에 앉히시니 이는 그리스도 예수 안에서 우리에게 자비하심으로써 그 은혜의 지극히 풍성함을 오는 여러 세대에 나타내려 하심이라 너희는 그 은혜에 의하여 믿음으로 말미암아 구원을 받았으니 이것은 너희에게서 난 것이 아니요 하나님의 선물이라 행위에서 난 것이 아니니 이는 누구든지 자랑하지 못하게 함이라"(2:6-9).

6절은 "또 함께 일으키사"(6절)라고 말씀합니다. 예수님이 죽으셨다가 부활하신 것처럼 그 은혜로 말미암아 성도들도 죽었다가 다시 산 것입니다. 일반적으로 말하는 죽음으로 육체는 땅에 묻히지만 그 안에 속사람이 있습니다. 속사람이라는 말은 바울이 처음 사용했습니다(롬 7:22). 우리는 보통 영혼이라고 부르지만 속사람이라는 말이 더 의미 있는 용어입니다. 영혼은 일반적으로 우리 머릿속에 있는 어떤 것이라고 생각하는데, 하늘을 직접 본 바울은 정확하게 속사람이라고 표현했습니다. 우리 몸속에 있는 사람이라는 것입니다. 바울이 말한 일으켜져서 "함께 하늘에 앉히시니"의 대상은 성도 안에 있는 속사람입니다. 예수 그리스도가 부활하시고 이 세상을 떠나 하늘 보좌에 앉으신 것처럼, 성도의 육체가 죽으면 몸에서 속사람이 나오고, 그 속사람이 하늘에 앉게 되는 것입니다.

하나님은 속사람을 그분 보좌 앞에 베풀어져 있는 수많은 보좌에 앉게 하시겠다고 말씀합니다. 이것이 바로 성도들이 부활한 상태입니다. 육체는 땅에 묻히고 속사람만 하늘 보좌에 앉습니다. 하지만 예수님은 육체가 변하여 새로워진 몸을 입고 부활하셨습니다. 완전히 새로운 몸입니다. 그래서 우리가 죽은 후 하늘에 올라간 영혼과 예수님의 부활체는 성격상 같지 않습니다. 예수님과 달리 성도는 육신을 땅에 두고 가기에 속사람만 올라가서 보좌에 앉는 것입니다. 그리고 이 말은 구원받은 사람, 곧 에베소 교인들처럼 예수 안에 있는 신실한 자들로서 바울의 말을 받을 만한 사람들만 보좌에 앉을 수 있다는 뜻입니다. 이 모든 성스러운 일은 예수님 안에서 이루어집니다. 예수님의 보호와 사랑과 능력 안에서입니다.

7절을 보면 "그리스도 예수 안에서"라는 말이 또다시 반복되어 나옵니다. 그 일은 예수 그리스도의 사랑과 예정과 역사하심 안에서 이루어집니다. 그 안에서 행하는 일은 하나님의 은혜를 나타내는 것입니다. 하나님은 자신의 은혜를 "여러 세대에" 나타내시려고 합니다. 예수님 당시뿐 아니라 주님이 승천하신 후 수백 년 혹은 수천 년이 지나서 마지막 재림주로 오실 때까지며(울프), 하나님의 사랑과 자비와 은혜가 얼마나 풍성하신지를 나타내기 원하십니다.

바울은 8절에서 “너희는 그 은혜에 의하여” 그리고 “믿음으로 말미암아 구원을 받는 것”이라고 말합니다. 그 믿음이 무엇인지 그리고 성도가 과연 구원을 받을 만한 확실한 믿음을 소유했는지가 관건입니다. 진실한 믿음은 예수님 안에 있어야 가능합니다. 예수님이 신랑이시고 나는 그분의 신부인데, 이 결혼이 확실하다는 증거가 있어야 진정한 믿음이고 구원을 받을 수 있습니다. 성도가 예수님 안에서 신부가 되지 않으면 구원은 없습니다. 믿음은 단순히 성경을 알거나 교회에 나오는 것을 뜻하는 것이 아닙니다. 자기 스스로 생각하기에도, 남이 나를 보기에도, 하나님이 나를 보시기에도 확실히 예수님 안에서 율법을 지키고 회개로 성결하게 되어야 그 믿음이 인정받을 수 있습니다. 오늘날 믿음을 오해하는 사람들이 많습니다.

신랑 되신 주님께 몸을 던질 정도가 되어야 믿음이 있는 것입니다. 나는 예수를 믿는다고 입으로 말하는 것만으로는 부족합니다. 예수님 안에 있으면서 내 모든 것을 던질 수 있어야 합니다. 몸을 던진 적도 없고 말씀에 순종한 적도 없는데 어떻게 그 사람에게 믿음이 있다고 확증할 수 있습니까. 주님과 동행하고, 그분을 의지하며, 그분과 함께 지내고, 영적 세계를 체험하며 살아야 예수님 안에 있는 것입니다. 예수님의 명령이라면 어떤 것도 순종할 수 있는 정도가 되어야 합니다. 예수님 안에 있는 것과 믿음을 연결해서 보아야 합니다.

그런데 8절을 보면 믿음은 “하나님의 선물”입니다. “너희에게서 난 것이 아니라”고 하십니다. 그러므로 예수님 안에 있게 된 것도 선물입니다. 성도의 구원을 위해 하나님이 먼저 일하십니다. 사람이 처음 예수님을 믿게 되는 것도 하나님이 부르셔야 가능합니다. 부르심이 구원 여정의 출발입니다. 부르신 후에야 믿는 것이고, 그 후 회개가 시작됩니다. 그리고 그다음 단계가 칭의입니다. 믿음이 있다면 진정 하나님의 부르심을 받았는지 그리고 진정 회개했는지 살펴보아야 합니다. 그 이전에 칭의는 없습니다. 의롭다는 말은 회개가 전제되어야 합니다. 성도는 예수님을 믿고 반드시 회개해야 합니다.

나라마다 회개해야 할 내용이 다릅니다. 지난 교회 역사를 살펴보면 유럽은 우상 숭배를 거의 하지 않았습니다. 유럽인이 회개할 것은 주로 자범죄입니다. 청교도들도 마찬가지입니다. 한국인은 자범죄를 회개하는 것으로는 부족합니다. 역사적으로 지난 5천 년 동안 강하게 우상을 숭배한 나라이기 때문입니다. 유교와 불교, 샤먼에 물든 피선교지이며, 여전히 국민의 70-80퍼센트가 이방신을 섬기고 있습니다. 한국의 영적 상황이 신학적으로 잘 규명되고 정리되지 못했습니다. 우리나라는 모든 사람이 몇 대만 거슬러 올라가도 다 우상을 섬겼습니다. 그래서 유럽 사람들과 청교도들은 영적으로 조금만 힘을 써도 영적 은혜를 받지만, 우리 한국인은 깊은 은혜 안으로 들어가기가 쉽지 않습니다. 그것은 우상 숭배의 죄가 많기 때문입니다. 이것은 사탄이 성도의 몸에서 그리고 환경에서 방해하기 때문입니다.

또한 성경에서 말하는 믿음과 한국교회 성도들이 생각하는 믿음이 아무리 보아도 같지 않아 보입니다. 믿음은 예수님을 신랑으로 모시고 신랑이 없으면 죽는다는 마음을 가져야 합니다. 믿음은 은혜이므로 어느 누구도 행위로 구원을 받을 수 없습니다. 부르심이 구원의 시작이기 때문입니다. 그러므로 구원의 출발이 행위에서 난 것이 아니므로 누구도 자랑할 수 없습니다. 내가 좋은 일을 많이 해서 구원을 받는 것이 아니라 하나님의 부르심, 회개, 믿음, 칭의의 순서로 구원을 받는 것입니다. 구원은 행위가 아닌 믿음으로 받지만 예수님 안에 있는 신부들과 자녀들만 받습니다.

신랑과 신부는 그들의 행동을 보면 알 수 있습니다. 신랑이 가는 곳에 신부가 함께 가고, 함께 음식을 먹고 마시며 함께 살아야 진정한 부부입니다. 그래서 믿음이 있는 것을 증명하는 방법으로 행동을 살펴보는 것입니다. 예수님을 믿어서 구원받을 자들이 신랑 되신 예수님을 잘 모시고, 아버지 되시는 하나님께 잘 순종해야 그 믿음을 알 수 있는 것입니다. 이는 행위로 구원을 받는다는 말이 아니라 예수 그리스도가 내 죄를 용서하시기 위해 죽으셨다가 부활하신 것을 진실로 믿는다면 믿음의 진위가 행위로 열매를 맺어야 한다는 말입니다. 부부가 서로 사랑한다면 그 사랑을 숨길 수 없습니다. 예수님을 사랑하고 교회를 사랑하는 것은 드러날 수밖에 없습니다. 반면 세상을 따르고 마귀를 사랑하는 것도 드러납니다.

믿음의 수준은 성도마다 다릅니다. 바울이 최고 수준이고, 이제 갓 믿기 시작한 사람이 최저 수준입니다. 믿음의 출발은 하나님의 부르심이고, 그 부르심의 증거는 교회에 나가는 것입니다. 힘든 문제에 부딪혀 예수님을 믿어야겠다고 생각하거나, 꿈에 하나님이 나타나시는 등 여러 가지 계기로 교회에 나올 수 있습니다. 또 교회의 종소리를 듣고 교회에 나오게 되었거나 교회에서 빵을 나누어주어 나오기 시작한 사람도 있습니다. 물론 수준이 높은 사람은 주님이 직접 나타나시거나 음성을 들려주셔서 믿게 되기도 합니다. 그런 사람은 평생 믿음에서 떠나지 않습니다. 다양한 부르심이 있지만 그 믿음이 참된 것인지를 알려면 행위를 보아야 합니다.

천국에 갈 사람은 많지만 하늘 보좌로 나아갈 사람은 우리나라에 몇천 명밖에 되지 않습니다. 어느 분은 우리나라 천만 기독교인 중 절반 정도는 허다한 무리에 들어갈 것으로 봅니다. 그리고 나머지 절반 정도는 그 구원이 위험하지 않을까 염려하는데 그럴 가능성이 아주 많습니다. 보좌에 가는 사람도 많지 않지만 또 보좌에서도 앞부분에 갈 사람은 더 적을 것입니다. 바울이 말하고 있는 함께 보좌에 앉게 되는 사람은 소수로서 환란과 어려움 속에서도 신앙을 지킨 사람일 것입니다. 에베소서는 영적 수준이 높은 사람을 위한 책입니다.

9절에 나오는 "행위에서 난 것이 아니니"라는 말씀은 행위가 필요 없다는 말이 아닙니다. 믿음은 하나님의 선물임을 강조하기 위한 것입니다. 믿음은 행위에서 난 것은 아니지만, 믿으면 아름다운 행위가 나타나게 됩니다. 성도는 예수 그리스도를 믿고 주를 믿는 자로서 충성하고 열매를 맺어야 합니다. 이런 행위를 주님이 기뻐하십니다. 이것은 예수님을 믿고 구원의 길에 들어서고 난 다음의 행위입니다. 이 말의 뜻은 반대로 생각하면 하나님의 구원 계획은 전혀 없었는데 자신이 좋은 일을 많이 했더니 하나님이 구원하셨다는 말이 아니라는 것입니다. 선을 행할지라도 그 출발은 하나님이 택하기로 예정하시고 섭리하셔야 한다는 말입니다. 물론 하나님이 택하셔도 믿지 않고 사탄에게 끌려가기도 합니다.

이방인

"우리는 그가 만드신 바라 그리스도 예수 안에서 선한 일을 위하여 지으심을 받은 자니 이 일은 하나님이 전에 예비하사 우리로 그 가운데서 행하게 하려 하심이니라 그러므로 생각하라 너희는 그 때에 육체로는 이방인이요 손으로 육체에 행한 할례를 받은 무리라 칭하는 자들로부터 할례를 받지 않은 무리라 칭함을 받는 자들이라"(2:10-11).

앞의 8절은 우리의 구원이 믿음으로 말미암는다고 하면서 그 믿음의 출처가 사람에게 있지 않고 하나님께 있기에 하나님의 선물이라고 했습니다. 9절은 선한 행위를 한다고 해서 믿음과 구원이 이루어질 수 없음을 말합니다. 구원이 시작되는 데 있어 사람이 자가발전으로 구원을 얻거나 믿음을 가질 수 없으며, 구원의 출발은 하나님의 선물이므로 행위 구원이란 있을 수 없다는 것이 대전제임을 말했습니다. 사람의 행위와 수고로 구원이 시작되는 것은 불가능합니다.

그렇다면 믿음이란 무엇일까요? 언제 믿음이 생길까요? 사람에게 믿음이 있다는 것을 어떻게 알 수 있을까요? 교회에 나와서 기도하고 찬송하며 예배에 참여하면 믿음이 있다고 인정하는 것이 한국교회의 분위기이지만, 그것이 본문에서 말한 구원에 이르는, 즉 하나님이 인정하셔서 선물로 주신 믿음이라고 할 수 있을까요? 이 문제는 냉정하게 생각해보아야 합니다. 구원 문제에서 관건이 되기 때문입니다. 우리의 삶은 죄로 점철된 것으로 우리 스스로 생각해보아도 우리는 행위로 구원받을 수 없습니다. 믿음으로 구원을 받아야 하는 것이 분명한데 문제는 하나님이 허락해주셔야 우리에게 믿음이 생긴다는 것입니다. 그 믿음의 선물을 정말 받았는지가 중요한 것입니다.

참된 부부라면 한집에서 살면서 중요한 일이 생기면 같이 해결하고 재산을 공유합니다. 진짜 신랑과 신부는 그래서 표가 납니다. 영적인 그리스도의 신부인 성도는 신랑으로 예수 그리스도를 모신 것이 확실해야 믿음이 있다고 할 수 있습니다. 예수님을 신랑으로 자기 속에 받아들이고 부부만이 할 수 있는 행위가 드러나야 합니다. 그것을 나도 알고 주변 사람들도 알아야 합니다.

믿음이 있는 사람은 예수님을 좋아하고, 교회에 가는 것을 힘쓰며, 충성을 다하고, 말씀을 가까이할 것입니다. 믿음의 선물을 받은 사람의 행위는 드러날 수밖에 없습니다. 행위 구원은 아니지만 행위를 보면 그 믿음을 알게 되는 것입니다. 믿음이 있는 사람은 믿음이 없는 사람과 다른 삶을 사는 것이 당연합니다. 목숨의 위협을 받아도 계속 예수님을 믿겠다고 하는 사람은 확실히 믿음이 있는 것입니다. 함께 신앙생활을 했더라도 이런 위험한 상황이 오면 선택이 나누어집니다. 그래서 믿음이 있는지 없는지 확실히 알게 됩니다. 행위를 보면 알 수 있습니다. 믿음이 선물이라는 것은 진리입니다. 행함이 없는 믿음은 죽은 것입니다(약 2:26).

10절에서 바울은 "우리는 그가 만드신 바"라고 말하면서 하나님은 성도를 "그리스도 예수 안에서 선한 일을 하라"는 목적으로 만드셨다고 말합니다. 하나님이 우리를 만드신 시제가 중요한데 바울은 창세전이라고 말합니다. 바울은 "창세 전에"(엡 1:4)라는 말을 많이 했습니다. 우리 영혼을 창세전에 이미 다 만드시고, 때에 맞추어 이 땅에 보내시며, 그리스도 안에서 선한 일을 하게 하시는 것입니다. 바로 행동하는 믿음입니다. 하나님이 사람이 태어날 시점에 바로바로 만들어 보내시는 것이 아닙니다. 이제 예수님을 믿어 성도가 되자 계획을 세워 예수님 안에서 선한 일을 하는 것이 아니라, 하나님이 창세전에 영혼을 만드셔서 택하시고 이 땅에 때가 되어 보내셨으니 이제 하나님이 우리를 만드신 목적대로 선한 일을 하라는 것입니다.

어떤 성도는 교회에 나온 지 1년 되었고 어떤 성도는 10년이 되었다고 해서 이 두 사람이 9년의 차이가 난다고 한다면 그것은 외형상으로는 맞는 말입니다. 하지만 단지 교회에 나온 햇수로만 사람의 믿음을 비교할 수 없습니다. 우리는 하늘나라에서 하나님의 뜻에 따라 보내심을 받은 것이고, 우리가 믿게 된 시기도 하나님의 계획을 따라 이루어진 것으로 모든 것이 하나님의 계획이고 은혜이며 선물입니다. 10년 된 믿음의 연륜을 갖게 된 것도 하나님의 선물입니다. 60세에 하나님을 믿게 되었다고 억울해해도 할 수 없습니다. 하나님의 계획이고 선물인 것입니다.

바울은 하나님이 그리스도인들을 예수 안에서 "선한 일"을 하기 위해 지으셨다고 했습니다. 사실 사도가 이렇게 말한 것은 신적인 은혜에 대해 행위가 배제되었는데, 이 말 때문에 행위를 죽이지 않게 하기 위해서입니다(매튜 헨리). 하나님은 선한 일을 할 수 있는 은사를 주시는데 사람마다 각기 다른 은사를 주시고 다른 직분을 주십니다. 그것도 선물입니다. 믿음도 선물이고 은사도 선물입니다. 하나님이 주시지 않는다면 아무도 받을 수 없습니다. 성도에게 어떤 은사와 믿음이 있다면 그것은 하나님이 주신 것이니 감사하면서 섬길 뿐입니다. 또한 주신 분량도 다릅니다. 어떤 사람은 크게 주시고 어떤 사람은 작게 주십니다. 쓰임이 다르기 때문입니다. 예수님을 믿은 지 10년 된 목사님과 80년 된 성도가 있다고 생각해봅시다. 믿은 지 10년 되었더라도 직분이 목사이고 은사도 좋은 것으로 많이 받았다면, 믿은 지 80년이 되었더라도 직분이 성도이고 은사를 적게 받았다면 그 성도는 목사님을 섬길 수밖에 없습니다. 이 모든 것은 창세전에 하나님이 계획하신 것입니다. 일찍 부름을 받거나 늦게 부름을 받았다고 신분이 달라지는 것은 아닙니다. 어떤 직책으로 부르심을 받았는지가 중요합니다. 하나님이 계획하신 것이므로 모두 겸손히 받아들여야 합니다. 그러므로 일찍 믿었다고 자랑할 것이 없습니다. 늦게 믿었다고 해도 하늘나라에서 큰 신분이 될 사람도 있습니다. 하나님이 이렇게 계획하셨으니 성도는 평생 예수 안에 거하는 삶을 살아야 합니다.

11절에서 "그러므로 생각하라"고 했는데 무엇을 생각해야 하는 것일까요? 회개한 죄인들은 과거 그들이 처했던 본래적인 불행과 죄의 상태를 자주 회고하는 것이 필요합니다(매튜 헨리). 에베소 교회에는 이방인 출신으로 교회에 나온 사람들이 많았는데, 그들은 유대인으로서 예수님을 믿고 교회에 나온 사람들에게 할례받지 못한 자라고 불렸습니다. 여기에는 이방인 출신이라고 무시하는 뉘앙스가 들어 있습니다. 이것은 다른 말로 죄인이라는 뜻입니다. 유대인들은 어찌되었든 구약성경에 기록된 법에 따라 육체에 할례를 행했고, 할례받은 것을 자랑했습니다. 그리고 이방인들에게 "너희는 할례받지 못했다"고 말했습니다. 이방인 출신들은 마음이 상할 수 있지만 사실이기에 인정하고, 자신들이 비록 이방인이었지만 부름 받아 이제 예수님을 되었으니 진정으로 감사해야 합니다. 그럼에도 그 무시하는 말은 어불성설입니다. 유대인이 먼저 부름을 받았지만 이방인 중에서 더 믿음 있는 사람이 많고, 주님이 보실 때 더 쓸 만한 사람이 많기 때문입니다. 진실이 이럴지라도 이 상황이 교회의 현실이었습니다.

중간에 막힌 담이 헐리다

"그 때에 너희는 그리스도 밖에 있었고 이스라엘 나라 밖의 사람이라 약속의 언약들에 대하여는 외인이요 세상에서 소망이 없고 하나님도 없는 자이더니 이제는 전에 멀리 있던 너희가 그리스도 예수 안에서 그리스도의 피로 가까워졌느니라 그는 우리의 화평이신지라 둘로 하나를 만드사 원수 된 것 곧 중간에 막힌 담을 자기 육체로 허시고 법조문으로 된 계명의 율법을 폐하셨으니 이는 이 둘로 자기 안에서 한 새 사람을 지어 화평하게 하시고 또 십자가로 이 둘을 한 몸으로 하나님과 화목하게 하려 하심이라 원수 된 것을 십자가로 소멸하시고 또 오셔서 먼 데 있는 너희에게 평안을 전하시고 가까운 데 있는 자들에게 평안을 전하셨으니 이는 그로 말미암아 우리 둘이 한 성령 안에서 아버지께 나아감을 얻게 하려 하심이라"(2:12-18).

바울은 12절에서 에베소 교회의 이방인 출신 성도들에게 "그리스도 밖에 있었고"라는 말하는데, 유대인들이 하나님 혹은 예수님을 믿었을 때 그들이 그리스도 밖에 있었던 것이 사실이기 때문입니다. 유대인 출신들은 이방인 출신들에게 자신들이 과거에 할례를 받은 것을 자랑했습니다.

난 지 8일 만에 할례를 받은 것은 그의 아버지가 하나님을 믿었기에 아들에게 할례를 한 것입니다. 그래서 장성한 사람이 할례를 받았다고 말하는 것은 그의 아버지가 하나님을 믿었다는 의미입니다. 이방인들은 구약 교회가 아닌 신약 교회에 나왔으므로 할례를 받은 자가 없습니다. 바울은 이방인 출신 성도들에게 인정할 것은 인정하자며 유대인들이 할례를 받았을 때 너희는 그리스도 밖에 있지 않았느냐고 합니다. 인정할 것은 인정해야 합니다. 그들은 이스라엘 밖의 사람이고 약속의 언약을 받지 못한 외인입니다. 세상에서 소망이 없었고 하나님도 없었습니다. 그들이 이방인이어서가 아니라 무관심해서, 외인이어서가 아니라 자격이 없어서 그렇게 된 것입니다(크리소스톰).

13절의 의미가 중요합니다. "이제는", 즉 과거에는 이방인으로서 하나님도 없고 약속도 없으며 소망 없는 사람이었습니다. 그러므로 축복된 자리에서 "멀리 있던" 사람들이었습니다. 그런데 이제 달라졌다는 것입니다. "예수 안에서", 즉 예수 그리스도의 피로 말미암아 유대인과도 그리고 하나님과도 "가까워"졌습니다. 이방인은 하나님의 축복의 부름이 없었으므로 하나님과 가까워질 수 없었습니다. 오직 유대인만 하나님과 가까이 지냈습니다.

이제 이방인은 믿음 안으로 들어와 하나님뿐 아니라 유대인과도 가까워졌습니다. 가까운 친구는 서로 사랑하며 아껴줍니다. 허물이 없습니다. 유대인과 이방인이 가까워집니다. 유대인은 옛적부터 하나님께 부름

받은 사람들이고, 이방인은 옛적에는 하나님께 외면당했으나 이제 새로 부름받은 사람들입니다. 이제 그들은 하나님 안에서 남남이 아닙니다.

14절에 그 이유가 나옵니다. 예수님이 둘 사이를 화평하게 하셨기 때문입니다. 예수님은 "화평"이십니다. 유대인과 이방인을 화평하게 하셨습니다. 또한 하나님과 성도 사이에, 성도와 성도 사이에 있던 "막힌 담"을 헐어주셨습니다. 하나님과의 사이에 막힌 담이 있다면 그것은 가슴 아픈 일입니다. 그것을 해결하지 못하면 인생은 힘들어집니다. 담이 있으면 서로 가까운 거리에 있어도 만날 수 없습니다. 서로 볼 수 없고, 소리가 들리는지 안 들리는지도 모르며, 선물도 주고받을 수 없습니다. 교회가 할 일이 바로 하나님과 성도 사이의 막힌 담을 해결해주는 것입니다. 또한 각자 기도하면서 무엇 때문에 가로막혀 있는지 알아야 합니다. 관계를 가로막는 담은 죄로 인해 생기는 것인데 예수님이 이것을 "육체로", 곧 십자가의 죽으심으로 헐어내셨습니다. 우리는 회개함으로 그 무너져 내린 잔해를 치워야 합니다.

15절에서 하나님은 화평을 좋아하신다고 말씀하십니다. 우리가 하나님과 화평하려면 죄가 없어야 합니다. 사람과 사람도 화평해야 합니다. 예수님은 "법조문으로 된 계명의 율법을 폐하셨다"고 하십니다. 이는 율법을 지켜 구원받는다는 길을 폐하셨다는 것입니다. 우리는 이제 율법을 지켜 구원받을 수 없습니다. 아니 율법을 완전히 지킬 수 있는 사람은 세상에 아무도 없습니다. 예수님이 인생의 죄를 다 지고 가셨으므로 믿고 회개하면 구원을 받습니다.

예수님 당시 초대교회에서는 예수님을 믿으면서도 율법에 얽매여 있었습니다. 당시에는 종이가 귀하여 성경을 가지고 있는 사람이 드물었고, 바울의 편지들도 그 편지를 받은 교회들이 자신들에게 온 편지만 가지고 있어 모든 교회가 그 내용을 알지 못했습니다. 구약성경도 일부분 사람만 필사본을 소유했기에 그것을 소유했다는 것이 큰 자랑거리였습니다. 자손 대대로 물려줄 가보로 여겼습니다. 이런 식으로 성경을 가진 유대인 성도들은 이방인 출신의 성도들에게 성경을 보여주면서 자신들이 하나님께 이 법을 받은 자라고 자랑했습니다. 이방인인 당신들과는 다른 사람이라는 의미였습니다. 유대인과 이방인 사이의 담은 구약성경, 그 중에서도 모세오경이었습니다. 성경이 교회에 나온 성도를 하나로 묶는 것이 아니라 서로 나누었습니다. 예수님을 믿게 하려면 성경이 있어야 했는데 성경이 오히려 서로 구분하고 편을 나누는 데 사용되었습니다.

구원의 안전한 울타리인 율법이 어느 새인가 이방인이 하나님께 나아오는 것을 막는 담이 되어버렸습니다(크리소스톰). 이제 예수님이 하나님과 이방인 그리고 유대인과 이방인을 분리하던 율법을 폐하셨습니다. 예수님이 피 흘려 죽으심으로 유대인과 이방인 사이에 차이가 없어졌으니 그들은 이제 하나가 되어야 합니다. 예수님의 피 흘림 이후 모두가 “자기 안에서” 연합된 인류입니다(존 스토트).

16절은 십자가를 통해 이 둘이 한 몸이 되어 “하나님과 화목”하게 하셨다고 말합니다. 십자가로 원수도 소멸하셨습니다. 15절에서는 유대인과 이방인이 그리스도의 보혈로 인하여 화목하게 되어 하나 되었음을 말하고, 여기에서는 유대인과 이방인 모두 그리스도의 보혈로 인해 하나님과 화목하게 되었다는 사실을 말합니다. “하나님과 화목하게” 이것은 계명의 율법을 십자가로서 폐하신 두 번째 목적입니다.

17절에서도 주님의 사역을 말합니다. “오셔서 먼 데 있는 너희에게 평안을 전하시고” 그리고 “가까운 데 있는” 너희에게도 평안을 전하셨다고 합니다. 가까운 데는 유대인을, 먼 데는 이방인을 가리킵니다. 여기에서 “오신다”는 것은 그리스도가 승천하신 후 성령을 보내신다는 것입니다(요 14:18). “평안”은 주님이 귀하게 여기시는 상태입니다. 하나님을 깊이 모신다면 누구나 평안 가운데 거하게 됩니다. 이것은 선교사를 파송할 때 많이 선포하는 말씀입니다. 주님은 복음을 전하실 때 먼 곳과 가까운 곳을 구분하지 않으십니다.

18절은 결론입니다. 유대인과 헬라인이 성령으로 하나 되어 “아버지께 나아가”야 합니다. 이것이 주님의 목표입니다. 이런 모습은 감동을 줍니다. 그동안 서로 갈라져 있던 자녀들이 이제 하나가 되어 온 우주를 창조하신 아버지께 나아가는 장면이기 때문입니다. 그리스도를 통하여 성령의 도우심으로 하나님께 나아왔음을 알아야 합니다(매튜 헨리).

성도는 민족과 출신을 떠나 예수 안에서 서로 하나 되기를 힘써야 합니다. 명절이 되었는데 형제들이 서로 싸우느라 부모님 집에 아무도 오지 않는다면 부모님의 마음은 얼마나 아프겠습니까. 설령 한집에 모여 있다 해도 서로 반목하고 있으면 보기가 좋지 않을 것입니다. 이것은 부모님 앞에서 할 일이 못 됩니다. 성도는 문제가 있고 마음에 들지 않는 사람이 있어도 화목하려고 노력해야 합니다. 유대인과 이방인은 가까워질 수 없는 사이인데 예수님이 하나 되게 하셨습니다. 우리 아버지는 왕이십니다.

하나님의 권속

"그러므로 이제부터 너희는 외인도 아니요 나그네도 아니요 오직 성도들과 동일한 시민이요 하나님의 권속이라 너희는 사도들과 선지자들의 터 위에 세우심을 입은 자라 그리스도 예수께서 친히 모퉁잇돌이 되셨느니라 그의 안에서 건물마다 서로 연결하여 주 안에서 성전이 되어 가고 너희도 성령 안에서 하나님이 거하실 처소가 되기 위하여 그리스도 예수 안에서 함께 지어져 가느니라"(2:19-22).

여러 면에서 우월감을 가진 유대인들은 에베소 교회 안에서 이방인 출신 성도들과 갈등을 빚었습니다. 일례로, 오순절과 관계하여 유대인 성도들은 마가의 다락방에서 일어난 오순절 역사를 체험하지 못한 사람이 대부분이었습니다. 그래서 구약교회가 끝나고 새로운 교회가 세워지게 된 계기인 오순절에 성령의 역사가 강하게 임한 것을 강조하지 않았습니다. 그리고 하나님이 광야에서 유대인들에게 말씀하신 것을 강조했기에 하나님의 말씀을 받지 못한 이방인들과 하나가 되는 것이 어려웠습니다. 바울은 이방인 출신 성도들을 격려하면서 예수님을 믿는 믿음으로 유대인 성도들과 이방인 출신 성도들이 하나가 될 것과 그렇게 하나 되는 것이 성령의 역사임을 강조했습니다.

19절에서 바울은 이방인 출신 성도가 이제 "외인도 아니요 나그네도 아니요"라고 하면서 그들도 성도들과 동일한 시민이자 하나님의 권속, 즉 식구라고 말했습니다. 시민은 넓은 의미에서 한 나라 한 백성이라는 말입니다. 이제 하나님이 통치하시는 나라의 동일한 시민입니다. 권속, 즉 식구는 함께 살며 식사하는 사람으로 그 집에 속한 사람만 함께 식사합니다. 외인은 함부로 남의 집 울타리를 넘어 들어와 주인과 함께하지 못합니다. 한 식구는 한 집안, 곧 한 울타리 안에 삽니다. 에베소 교회의 이방인 출신 성도들도 이제는 한 식구가 되었으므로 함께 식사할 권한이 있습니다. 유대인이든 이방인이든 이는 동일한 하나님 나라 백성이요, 한 집안 식구입니다.

20절에서 보면 이방인도 "사도들과 선지자들의 터 위"에 있습니다. 사도는 예수님이 직접 선택하셔서 가르치신 제자들입니다. 선지자는 여기서 신약의 선지자로 보아야 하며(박윤선), 그들의 수준은 사도에 버금가는 자들입니다. 원래 하나님을 보고 음성을 들은 사람들이 선지자입니다. 선지자는 사도를 포함하여 은혜를 받은 자들로, 성도는 그들이 전해준 복음을 받고 교회 안에 들어온 것입니다. 바울도 예수님이 가르치신 범주 안에서 가르칩니다. 복음을 증거하는 것은 사도와 선지자들입니다. 여기서 선지자는 구약 시대로 국한하여 말하는 것이 아닙니다. 예수님 당시에도 선지자라고 말할 수 있는 사람들이 있습니다. 사람들은 그들이 전하는 예수 그리스도의 말씀을 듣고 믿음의 기초를 다졌습니다. 그들이 전해준 말씀이 없었다면 예수 그리스도의 피로 죄가 씻긴 것도, 하나님 나라의 시민이 되는 것도 몰랐을 것입니다. 그리고 믿음을 굳게 세워 자신에게 있는 영적 교회를 세워나갈 수도 없었습니다.

바울은 이 본문에서 집을 짓는 것에 대해 이야기하고 있습니다. 예수님이 건축하는 집의 모퉁잇돌이 되십니다. 이스라엘의 집들은 다 돌로 지었습니다. 이 모퉁잇돌은 우리나라의 모퉁잇돌과는 개념이 다릅니다. 우리나라에서는 나무 기둥 아래 주춧돌을 놓는 것을 생각하지만, 이스라엘에서는 돌 양옆의 돌과 위의 돌을 끼우기 위해 모퉁잇돌에 홈을 파 서로 끼워 지탱이 되게 합니다. 암수로 서로 연결하여 견고하게 짓는 것입니다. 그 견고함은 단순히 돌 위에 돌을 올려놓는 것과는 비교할 수 없습니다. 주님은 자신 위에 아름다운 영적인 집을 세워나가기 원하십니다.

21절에서 계속되는 바울의 말은 성도가 곧 성전의 일부분이고 성전을 이루는 돌들이라는 것입니다. 성도는 모퉁잇돌인 예수님과 함께 연결되어 견고한 집을 세우는 것입니다. 그래서 "그의 안에서 건물마다 연결된다"고 말씀하는 것입니다. 이것은 각각 독립된 두 건물의 연결을 생각할 수 있지만, 다른 한편으로 백화점 안에 여러 상점이 각각 있듯이 큰 건물 하나를 이루는 각각의 방이 연결되는 것도 생각할 수 있습니다. 이 두 가지가 다 가능한 것입니다. 결국 바울이 말하고 싶은 것은 성도 한 사람 한 사람이 연결되어 성전이 된다는 것입니다. 이는 또한 지교회를 의미합니다(박윤선). 중요한 것은 각 사람이 부족함 없이 완벽해야 완벽한 성전이 됩니다. 각 성도가 성전의 한 부분으로 중요합니다. 성도의 삶의 목적이 바로 영적인 성전을 만들어가는 데 있는 것입니다. 만일 어느 돌이 부실하거나 규격에 문제가 생긴다면 전체 건물에 좋지 않은 영향을 주게 됩니다.

22절에서처럼 성도는 지금 "하나님이 거하실 처소"가 되기 위하여 집을 짓는 중입니다. 이것은 영광스러운 축복입니다. 이것은 또한 살아있는 동안 우리 자신을 만들어가는 것입니다. 이 공사는 우리 혼자 하는 것이 아니라 모든 성도가 각자 행하는 것이고, 이것이 합하여 성전이 완성됩니다. 그리고 구원받기로 예정된 백성의 수효가 다 차면 완벽한 성전이 이루어지게 됩니다. 이때는 이 땅에 거하는 구원받기로 작정된 자들이 행할 일을 다했을 때로, 그때 하늘나라 성전이 완공되는 것입니다. 하늘 성전에서 한 모퉁이라도 완성되지 않으면 아직 끝이 아닌 것입니다. 그래서 이때는 하늘나라 성전의 의미가 큽니다.

모든 성도는 지금 하늘나라 성전을 만드는 중입니다. 그래서 성전이 완성되었을 때 "성령 안에서 하나님이 거하실 처소"가 됩니다. 이 땅에 살고 있는 나도 작은 성전을 만들어갑니다. 나 자신의 성전도 중요합니다. 또 모든 성도가 모여 예배하는 하늘의 성전도 중요합니다. 이 일을 위해 하나님은 모든 택한 성도를 부르셔서 가꾸시고 은혜를 주시며 성전의 재료를 만들게 하셔서 하늘의 성전을 짓도록 하시는 것입니다. 건물을 지을 때 큰 건물의 뼈대를 세운 후 그 부속을 넣는 것처럼 모든 부분이 채워져야 완공되었다고 합니다. 그러므로 한 사람 한 사람이 다 중요합니다. 각 성도가 다 자기 몫을 감당해야 합니다.

이렇게 하늘 집에 대해 말할 수 있는 것은 바울이 삼층천에 갔다 왔기 때문입니다(고후 12:2). 유대인은 천국을 삼층천으로, 이층천은 마귀가 활동하는 곳으로, 일층천은 사람이 사는 곳으로 생각합니다. 삼층천의 윗층은 하나님께 예배드리는 층을 말하고, 천국에 간 사람들이 사는 곳은 삼층천의 아래층입니다. 삼층천에 있는 모든 보좌에 구원받은 성도가 다 채워져야 천국의 예배 처소가 완성되는 것입니다. 삼층천의 아래층은 사람들이 거주하는 지역입니다. 천국 안에는 이렇게 예배하는 층과 거주하는 층이 별개로 존재합니다. 천국에서 사는 곳은 개인이 스스로 선택할 수 없습니다. 영적 수준이 높은 순으로 성전 보좌 가까이에 살고, 바깥쪽으로 내려갈수록 영적 수준이 낮은 사람들이 사는데, 이 집들도 완성이 되어야 합니다. 영혼이 거주하는 집들은 각각 떨어져 있지만, 하늘에 흐르는 생명수 샘으로 연결되어 있습니다. 사람의 온 몸을 흐르는 핏줄처럼 하늘나라의 모든 곳에 생명수가 흐릅니다(계 22:1). 하지만 보좌에서 가까운 곳은 굵은 물줄기가 흐르고, 변두리로 내려갈수록 실핏줄처럼 가늘게 퍼져 있습니다. 이 물은 사람이 사는 곳을 반드시 지나갑니다.

에스겔 45장 1-8절에 나와 있는 대로 제사장, 레위 사람, 왕들이 사는 집은 보좌에서 가깝고, 집이 크며, 물도 많이 흘러 풍성합니다. 삼층천의 성도의 보좌 자리도 하나님의 보좌 가까이에 있습니다. 허다한 무리의 경우 예배드리는 장소에서 그들의 자리는 제일 뒤쪽에 있고, 거주하는 곳에 있는 집도 보좌에서 제일 먼 곳에 있어 실핏줄 같은 물을 얻을 수 있습니다. 간신히 구원받은 사람들은 물이 넉넉하지 않을 것입니다. 하나님의 보좌에서 흘러나오는 생명수는 그리스도에게서 나오는 은혜입니다. 그것은 물이지만 또한 불입니다. 용암처럼 흐르는 불이며 물입니다. 또한 이 물은 성령입니다. 생명수가 흐르는 곳 옆에는 생명나무들이 자라고 있어 그 열매를 먹어야 영생을 누립니다. 천국에서도 먹어야 사는데 이 열매를 먹으면 힘이 납니다. 바울은 이 모든 것을 에베소서에 썼습니다.

예루살렘 성전 안에는 여러 방이 있지만 서로 연결되어 있는 것처럼, 하늘의 성전도 서로 연결되어 있습니다. 사람이 사는 아래층도 생명수로 연결되어 있습니다. 하늘나라는 삼층천입니다. 그곳은 예배하는 곳입니다. 노아의 방주도 3층으로 되어 있습니다. 하나님이 택한 백성에게 이 땅에서 할 일을 명령하실 때는 그 원형이 항상 하늘에 있음을 기억해야 합니다. 에스겔에게 보여주신 성전도 3층으로 되어 있습니다. 하늘을 보면 쉽게 이해가 됩니다.

성도는 자기 몸이 무형의 또는 상상으로 성전을 만들어가는 것이라고 생각하지만 말고, 실제로 이 땅에서도, 영적으로 그리고 하늘나라에서도 천국 집과 성전을 지금 내가 행하는 신앙생활을 통해 만들고 있음을 알아야 합니다. 그래서 이 땅에서 자기 몫을 다해야 합니다. 하나님이 나에게 명령하신 것, 기대하시는 바를 살면서 다 이루어드려야 합니다. 내가 맡은 분량을 다하지 못하면 나의 집도 불완전하지만 성도의 모임인 하나님의 집을 완성하는 데도 문제가 생깁니다. 그러므로 우리가 이 땅에 사는 동안 다 완성해야 합니다. 그래서 성도의 자살은 허용되지 않습니다. 하나님의 계획보다 일찍 죽으면 내 집을 완성하지 못하기 때문입니다. 그러므로 내 몸을 소중히 하고 항상 조심해야 합니다. 내가 살아있는 동안 최대한 내 몫을 감당하자고 다짐하며 하나님께 충성해야 합니다. 개인적으로는 나의 성전을, 넓게는 하늘 성전을 완성해야 합니다. 내 마음에 주님이 오셔서 내가 성전이 된다는 것에만 머물면 부족합니다. 하늘나라 성전의 각 부분을 내가 감당하고 있음을 생각해야 합니다.

22절에서“함께 지어져 가느니라”고 했습니다. 우리가 주님과 함께 짓는 것입니다. 이것은 성령 안에서 하는 것으로, 성령의 도우심 없이는 할 수 없습니다. 하나님의 집을 짓는 것이기 때문입니다. “하나님이 거하실” 집은 우선 내 마음에, 내 영혼에 있습니다. 그러므로 내 육체 안에 하나님이 거하시는 성전이 있습니다. 여기에서 하나님은 예수 그리스도 혹은 성령입니다. 성부 하나님이 내 속에 거하신다는 뜻은 아닙니다. 하나님이 거하실 집은 하늘나라, 곧 천국에도 짓습니다. 주님과 천사들과 먼저 간 성도들이 모두 연합하여 하늘에서 하나님의 집을 짓습니다. 하늘 신분을 가진 자가 총동원되어 하는 것입니다. 우리가 이 땅에서 충성한 만큼 그 값어치가 하늘로 올라가 집을 지을 재료로 쌓이게 되고, 그것을 사용해 천사들과 먼저 간 성도들이 집을 짓습니다. 그리고 주님이 오셔서 잘 지어지고 있는지 감독하십니다. 우리가 충성한 것으로 성령이 일하시고 주님도 일하시며, 천사들과 먼저 간 성도들까지 총동원되어 일하는 것입니다. 내 집을 연합하여 짓는데 그 집들이 합하여 또한 하늘 집이 됩니다. 그래서 연합입니다. 내가 이 땅에서 하늘 집을 짓고 있는 것인데, 내 집을 나 혼자 짓는 것이 아닙니다.

먼저 간 성도들은 하늘나라에서 무엇을 할까요? 단순히 하나님께 예배만 드리고 아무 일도 안 할까요? 천국에서 성도들이 매일 예배만 드리는 것은 아닙니다. 이스라엘이 유월절 등 특별한 절기 때 모두 모여 예배하는 것처럼 구원받은 성도가 모두 모여 예배할 때도 있습니다. 그러나 평상시에는 24순번에 따라 예배합니다. 24장로의 이름으로 된 마을이 있어서 그 24장로 중 한 사람이 주도하여 예배할 때 그 지역 안에 거하는 사람들이 함께 예배합니다. 나머지 23장로와 그 지역 사람들은 천국에서 각자의 일을 합니다. 그래서 주님이 처소를 예비하러 가신다고 하신 말씀이 실제로 집을 짓는 것임을 알 수 있습니다. 우리의 시민권은 하늘에 있습니다. 하늘에 우리 집을 지어야 합니다.

하늘나라 땅, 천국 집이 중요합니다. 성도는 하늘에 있는 자신의 집을 날마다 그리며 살아야 합니다. 만일 그 집이 환상으로 보이거나 느껴진다면 더욱 열정을 다해 믿음으로 살 것입니다. 바울은 하늘 집을 보았기에 죽기를 다하여 충성한 것입니다. 하나님을 향한 나의 헌신과 봉사가 하늘로 올라가 나의 집이 지어지는 재료가 되는 것을 보면 어떻게 충성하지 않을 수 있겠습니까. 하늘에 올라가 주님과 천사들, 먼저 간 성도들에게 환영받고 박수받을 것을 생각하면, 또 상급 받을 것을 생각하면 이 땅에 대한 관심이 적어집니다.

저는 바울이 하늘나라를 보고 기록한 성경 내용이 믿어집니다. 이 땅에서 내 마음에 성전을 짓고 하늘나라에서 큰 성전을 짓는 데 내가 감당해야 할 몫이 있고, 내가 가서 살 집이 있으므로 이 땅에서 사는 동안 그것을 완성해나가야 하는 것임을 믿습니다. 이 땅에서 충성하면서 오래 살아야 더 크고 영광스러운 집을 지을 수 있습니다.

저는 한국 기독교인의 절반 정도는 구원에 이를 만한 믿음을 소유하지 못했을 것이라고 생각합니다. 또한 구원을 받기는 했지만 요한계시록에 나타나 있는 것처럼 하나님의 보좌 가까이 가서 예배할 사람은 정말 몇 퍼센트 안 되지 않을까 염려스럽습니다. 그 이유는 신앙생활을 하면서 천국 집을 잘 지으려고 노력하지 않기 때문입니다. 이것은 행한 대로 갚으신다는 말씀과 관계가 있습니다. 여기에는 목사, 사모, 장로, 직분자 모두 포함됩니다. 저는 하늘집이 지어지는 것을 생각하면 늘 감사하고 기쁘며, 쉬는 날도 없이 일하게 됩니다. 저는 공휴일이라고 쉬는 것이 아깝습니다. 하늘나라에 올라갔을 때 저를 아는 성도들에게 "목사님도 별거 없네요"라는 안타까움으로 탄식하는 소리를 듣지 않기 위해서라도 더 충성합니다. 우리 모두 하늘 집을 짓는 데 최선을 다합시다.

3장_비밀을 알다

Ephesians

상속자

"이러므로 그리스도 예수의 일로 너희 이방인을 위하여 갇힌 자 된 나 바울이 말하거니와 너희를 위하여 내게 주신 하나님의 그 은혜의 경륜을 너희가 들었을 터이라 곧 계시로 내게 비밀을 알게 하신 것은 내가 먼저 간단히 기록함과 같으니 그것을 읽으면 내가 그리스도의 비밀을 깨달은 것을 너희가 알 수 있으리라 이제 그의 거룩한 사도들과 선지자들에게 성령으로 나타내신 것 같이 다른 세대에서는 사람의 아들들에게 알리지 아니하셨으니 이는 이방인들이 복음으로 말미암아 그리스도 예수 안에서 함께 상속자가 되고 함께 지체가 되고 함께 약속에 참여하는 자가 됨이라"(3:1-6).

바울은 먼저 간 성도들과 천사들 그리고 지금 에베소에 출석하는 유대인 혹은 이방인 성도가 모두 연합하여 이 땅에서는 개인적으로 영적인 집을 짓고, 교회에서는 한 교회를 세워나가며, 우리의 신앙생활로 천국에서 집을 짓고 있는 것이라고 말합니다. 모든 사람이 다 귀하다는 뜻입니다. 에베소 교회에는 두 가지 분위기가 공존하고 있었습니다. 한 무리는 유대인 출신 성도, 한 무리는 유대인이 아닌 다른 이방인 출신 성도들로,

서로 배경이 달라 하나가 되지 못하고 있었습니다. 유대인은 자신들이 오랜 세월 하나님을 믿어온 것을 자랑했습니다. 하나님이 자기들에게 말씀하신 것과 하나님께 율법을 받은 것 그리고 어릴 때 할례를 받은 것을 자랑했습니다.

로마는 세계 중심지로서 많은 민족이 거기서 살았습니다. "모든 길은 로마로 통한다"는 말도 그래서 나왔습니다. 당시에는 세계 어디에서 오든지 모든 길이 로마의 중심으로 통하도록 되어 있었기 때문입니다. 에베소도 큰 도시였습니다. 다양한 민족의 사람들이 에베소 교회에 나와서 예수님을 믿었습니다. 그래서 에베소 교회가 유대인 출신과 이방인 출신으로 나뉘게 되었습니다.

바울은 편지에서 '예수 안에서 하나'인 것을 강조했습니다. 교회에 나온 연수가 중요한 것이 아닙니다. 성부와 성자와 성령 하나님의 계획에 따라 그 부르심이 이루어진 것이기 때문입니다. 그러므로 둘이 하나가 되어야 한다고 강조했습니다. 요한계시록에서 하나님은 아시아 일곱 교회에 각각 다른 말씀을 주셨습니다. 교회마다 색깔도 다르고 장단점도 다릅니다. 에베소 교회의 단점은 성도들이 출신으로 나뉜 것이었습니다.

1절에서 바울은 에베소에 사는 이방인 출신 성도들에게 특별히 말합니다. 자신을 가리켜 "이방인을 위하여 갇힌 자 된 나 바울"이라고 하면서 이방인 출신 성도들에게 집중합니다. 바울은 유대인이지만 이방인 출신들의 편을 들어주면서, 자신이 예수님께 이방인의 사도로 부름받은 것을 강조합니다. 그래서 지금까지 이방인에게 복음을 전하고 그것을 위해 일하다가 갇혔다고 말합니다. 아마도 이 편지를 읽은 많은 이방인 출신 성도들이 위로를 받았을 것입니다. 유대인들은 자신들이 하나님의 백성임을 강조했지만, 자신들이 정말 하나님의 사랑을 받고 있는지, 율법을 잘 지키며 살고 있는지는 생각하지 않았습니다. 그리고 자신들의 출신을 드러내고 자랑하면서 이방인들을 무시하는 것으로 이방인 출신 성도들이 상처를 받는 것에는 신경 쓰지 않았습니다. 만일 바울이 이방인 출신이었다면 유대인들이 바울을 포함하여 비판했겠지만, 바울은 유대인 출신으로 이방인 출신 성도들의 편에서 이야기하고 있기에 바울의 말에 비판하지 못했을 것입니다.

"예수의 일." 바울이 이처럼 고난을 각오하고 애쓴 것은 예수의 일 때문입니다. 예수의 일이란 그리스도의 뜻을 실천해나가는 것입니다.

2절에서 바울은 "내게 주신 하나님의 그 은혜의 경륜"을 이야기합니다. 바울은 하나님이 이방인을 부르신 것과 그들이 유대인처럼 율법을 지키고 할례를 받는 것보다는 부활하신 예수님을 믿는 것을 강조했는데, 그것이 바울이 하나님께 받은 은혜의 경륜이라는 것입니다. 바울은 다른 사람에게서 예수님에 대한 복음을 전해 받고 배운 것이 아닙니다. 바울은 다메섹에서 예수님을 직접 만났습니다. 그는 이 경험을 평생 중요하게 생각했습니다(고전 15:8). 바울은 아마도 그 사실에 깊은 충격을 받았을 것입니다. 이방인도 구원받을 수 있다는 사실 때문입니다. 그는 그 후 10여

년 동안 외부에 나오지 않고 고향 다소에 칩거하면서 예수님께 직접 기도하고 성경을 연구했습니다. 그리고 자신의 체험을 돌아보면서 그것이 성경적인지 그 근거를 알아보았습니다. 나중에 바울이 예루살렘에 올라온 나이가 40대 중반이므로 바울은 청춘의 시간을 하나님과 함께한 것입니다. 서로를 잘 알려면 시간을 같이 보내야 합니다. 바울은 하나님을 알고 성경을 깨닫기 위해 청춘을 보냈습니다.

바울은 그런 깊은 시간을 가졌기 때문에 삼층천에 가서 말 못할 비밀을 보았다고 했습니다(고후 12:2). 다 기록을 할 수 없어서 그렇지 어쩌면 개인적으로는 제자들에게 영적으로 깊은 이야기를 했을 수도 있습니다. 모세도 하나님과 40일 동안 직접 만나서 배운 것을 성경에 다 기록하지 못했지만 여호수아나 갈렙에게는 모든 비밀을 이야기했을 수도 있습니다.

에베소서 1장과 2장을 통해 지금까지 바울이 말한 내용은 바로 "하나님이 가르쳐주신 은혜의 경륜"입니다. 이방인 출신들을 위해 다 주님이 가르쳐주신 것입니다.

3절에서 "내가 먼저 간단히 기록함과 같으니"라고 한 것이 바로 1, 2장의 내용입니다. 2절과 3절은 같은 내용입니다. 하나님이 가르쳐주신 경륜이 바로 "계시로 내게 비밀을" 가르쳐주셨다는 것입니다. 계시의 내용은 이방인도 구원에 이를 수 있다는 충격적 내용입니다. 바울이 하나님의 숨겨진 계시를 받을 만한 사람으로 준비된 것입니다. 하나님이 성도에게 나타나시고 교제하신다면 아주 중요하든 덜 중요하든 분명히 비밀을 가르쳐주실 것입니다. 성경은 기록된 계시이고 완성되었습니다. 그러나 하나님은 이 시대에도 신령한 성도에게 비밀을 말씀하실 수 있습니다. 하나님이 나타나신 현상은 은사, 즉 지혜의 말씀, 지식의 말씀, 예언, 영 분별의 은사 등입니다. 이것은 하나님이 성도에게 나타나시는 통로들입니다. 하나님은 친밀한 사람에게 비밀을 알려주십니다. 그것은 영적으로 도움이 되고 하늘을 알 수 있는 좋은 비밀입니다.

하나님께는 이 땅을 이끌어가시는 비밀이 많습니다. 성경에 다 기록하지는 못하지만 기도를 많이 하는 사람에게 깨닫게 해주시는 말씀들이 있습니다. 하나님 나라는 넓고 깊은데 성경에 어떻게 다 기록할 수 있겠습니까. 그러므로 하나님의 활동을 성경 안에서만 이야기하니 좁아지는 것입니다. 바울도 당시 자신이 본 이상을 다 말한다면 유대인일지라도 이해하지 못해 비판할 것이기에 성경에 적지 못했을 것입니다.

바울은 자신이 보고 깨달은 것을 노년에 에베소 교회에서 다시 가르치고 있습니다. 바울은 누군가에게 배운 것이 아니라 하나님을 만나 그분이 깨닫게 하신 것을 이야기하기에 힘이 있었습니다. 우리는 책을 보고 인용해서 지식을 전할 수도 있지만, 하나님이 조명해주시고 깨닫게 하시는 것을 이야기할 때 서로에게 더 유익이 되고 기쁨이 있습니다. 이 세상 어느 누구도 사도 바울처럼 주님이 가르쳐주셨다고 확실히 말할 수는 없습니다. 바울 정도의 수준이 되지 않기 때문입니다. 이 시대에 바울 같은 수준 있는 사역자는 없습니다.

어느 시대나 주님과 교제를 나누는 사람들이 있지만 소수입니다. 그러므로 그분의 음성을 듣지 못한 대다수 사람에게 칭송을 받기도 하지만 반대로 시기와 질투의 대상이 됩니다. 그래서 그런 비판을 의식하여 드러내지 않고 조심하는 사람이 많을 것입니다. 하나님과 교통하는 것은 큰 축복입니다. 이것은 많은 사람이 받지 못하는 큰 은혜이니 그 은혜를 받은 것은 영광스러운 일입니다. 물론 주님께 어느 수준의 내용으로 대화를 나누느냐 하는 것은 개인차가 있습니다. 영적인 사람들은 다수의 사람이 비판하더라도 이겨내야 합니다. 바울은 어느 누가 의심하고 비판해도, 또 감옥에 갇혀도 받은 은혜대로 살았습니다. 그것은 대단한 결단력입니다.

4절에서 바울은 에베소 교회 성도들이 자신과 같아지기를 원하고 있음이 드러납니다. "그것을 읽으면." 그것은 바울이 에베소 성도들을 위하여 쓴 글입니다. 바울은 에베소 성도들이 그 글을 꼭 읽기를 바랐습니다. 만일 글을 읽는다면 바울이 그리스도의 비밀을 깨달았음을 알 수 있을 것이라고 말합니다. 그 내용은 어느 누구에게서도 쉽게 들을 수 없는 천국의 비밀이기 때문입니다.

5절은 중요한 말씀입니다. "이제 그의 거룩한 사도들과 선지자들", 즉 예수님 당시 하나님께 계시와 은사를 받은 사람들을 말합니다. 신약성경은 이들에 의해 기록되었습니다. 성령이 특별히 그들에게 나타나셨는데, 그들이 거룩하기 때문에 하나님이 나타나신 것입니다.

"다른 세대"는 구약 시대로 그때는 사람의 아들들, 즉 택함을 받지 못한 일반 사람들에게는 하나님이 말씀하지 않으셨다는 것입니다. 하나님은 그분의 사람, 곧 거룩한 사람에게만 영적인 비밀을 계시해주십니다. “사람의 아들들”과 “거룩한 사도들과 선지자들”이 대비되고 있습니다. 사람의 아들들은 어쩔 수 없이 하나님의 깊으신 은혜의 비밀을 알 길이 없습니다. 이렇게 하시는 것이 하나님이 행하시는 구원 계획입니다.

6절은 이방인도 유대인과 함께 하나님의 은혜를 상속받을 것을 말합니다. 이것은 큰 신비입니다(매튜 헨리). 이방인 출신 성도들은 바울이 복음을 전해 교회에 들어온 사람들로, 전에 믿음 가운데 있던 유대인 출신 성도들과 모두 “함께 상속자”입니다. 또한 “함께 지체가 되고” “함께 [하나님의] 약속에 참여하는 자가” 됩니다. 상속자는 특권이고, 지체는 상태이며, 약속은 신분을 가리킨다고 할 수 있습니다. 하나님을 믿으면 모두 하나가 됩니다. 어떤 성장 과정을 밟았어도 하나님의 은혜의 경륜을 따라 믿음 안으로 들어오면 다 함께 하늘나라에 속한 자가 됩니다. 회개하고 그리스도를 믿으면 그리스도 안에서 동등한 권리를 갖습니다.

워런 버핏과 함께 식사하는 데 많은 돈을 내는 경매가 있었습니다. 그와 함께 식사를 하면서 사업에 대한 정보를 얻을 수 있기에 그 비용을 지불할 가치가 있습니다. 바울은 그리스도를 만나서 영적인 깊은 비밀을 알았습니다. 바울처럼 그리스도를 만나 영적으로 깊은 비밀을 아는 사람과 만나 이야기를 한다면 누구나 그 깊은 비밀을 알 수 있게 될 것입니다. 그래서 하나님은 바울에게 성경을 많이 쓰게 하셨습니다. 은혜의 자리에

가야 은혜를 받고, 수준 높은 교수님을 만나야 수준 높은 학문의 세계에 들어갈 수 있습니다. 깊은 영적인 수준에 올라 하늘에서 칭찬받는 성도가 되기를 소원해야 합니다. 주님은 이방인에게 그런 기회를 주셨습니다.

은혜의 선물을 따라서

"이 복음을 위하여 그의 능력이 역사하시는 대로 내게 주신 하나님의 은혜의 선물을 따라 내가 일꾼이 되었노라 모든 성도 중에 지극히 작은 자보다 더 작은 나에게 이 은혜를 주신 것은 측량할 수 없는 그리스도의 풍성함을 이방인에게 전하게 하시고 영원부터 만물을 창조하신 하나님 속에 감추어졌던 비밀의 경륜이 어떠한 것을 드러내게 하려 하심이라"(3:7-9).

7절에서 바울은 자신이 이방인들에게 이 기쁜 소식을 전하기 위해 "일꾼"이 되었다고 말하고 있습니다. 일꾼은 하나님이 주신 은혜입니다. 예수 그리스도의 일꾼이 된 것은 "하나님의 은혜의 선물을 따라" 된 것이라고 할 수 있습니다. 이 선물을 받아야 진정한 일꾼이 될 수 있습니다. 바울이 스스로 결정해 여러 나라를 마음대로 다니면서 복음을 전하는 것처럼 보이지만, 소속과 사명을 주시고 능력을 주신 분이 예수 그리스도이신 것을 확실히 밝히고 있는 것입니다. 소속감이 있는 사람은 질서가 있어 자기가 소속된 곳의 규칙을 잘 지킵니다. 집에 소속감이 있는 사람은 시간에 맞추어 집에 귀가하고, 특정한 교회에 소속된 사람은 교회의 모든 예배에 충실하며 봉사도 잘 합니다. 소속감이 있는 사람인지 아닌지는 행동을 보면 알 수 있습니다. 소속감이 없는 사람은 그 집단 안에서 동떨어진 느낌을 풍깁니다.

바울은 하나님의 사람이었기에, 자신이 전도하면서 교회를 세울 때 그것이 사도라는 하나님의 은혜의 선물이 있기 때문인 것을 알았습니다. 하나님은 값없이 바울에게 큰 은혜를 주셨고, 이방의 사도로 세우셨습니다. 바울은 자신이 받은 선물에 감사하여 기뻐하며 직분을 잘 감당했습니다. 이것이 하나님의 사람의 모습입니다.

귀한 직분일수록 더욱 영광스러운 것입니다. 하나님의 사명을 받아 감격하고 성령님이 강하게 역사하심을 느껴야 그 사람이 충성을 다할 것을 기대할 수 있습니다. 하나님이 주신 직분은 올무나 족쇄가 아닌 영적인 선물입니다.

"그의 능력이 역사하시는 대로"라는 말씀은 그리스도가 바울에게 나타나셔서 사명을 주시고 사울이 바울이 되게 하신 것을 말합니다. 또한 하나님의 능력이 사람마다 다르게 역사하는 것을 말합니다. 모든 사람이 같은 능력을 받으면 직분과 사명이 동등하겠지만, 똑같지 않기 때문에 사람마다 직분과 사명이 다르고 일하는 모습이 다른 것입니다. 그래서 이방인의 사도로 세워진 바울이 받은 능력이 다른 사역자나 성도보다 특별한 것은 당연한 것입니다. 하나님은 직분과 상관없이 그분의 능력을 사람마다 각각 다른 분량으로 주십니다. 평신도도 더 많은 능력을 받을 기회가 있지만 대체로 목사보다는 평신도가 더 적은 분량을 받습니다. 세상에서 일을 하므로 하나님께 집중할 수 없기 때문입니다. 하나님의 능력을 더 많이 받으려면 하나님께 전적으로 시간을 쏟아야 합니다.

바울은 정말 큰 은혜를 받았습니다. 바울은 주님을 직접 찾아오셔서 만난 사람이기 때문에 더 그렇습니다. 예수님 이후 하나님을 깊이 아는 사람 순으로 줄을 세워보면 지금까지 수많은 사람을 다 통틀어 바울이 가장 앞에 설 것입니다. 하나님은 그분을 잘 아는 사람들에게 성경을 쓰게 하셨을 텐데 성경을 가장 많이 그리고 가장 깊이 있게 쓴 사람이 바로 바울이기 때문입니다. 마지막 때인 지금은 마지막 추수를 위해 하나님이 그분의 사람들에게 큰 능력과 권세를 베푸시는 때입니다. 이때 우리는 쓰임받게 해달라고 기도해야 하는데, 쓰임을 받으려면 먼저 능력을 받아야 합니다. 그래서 이 은혜의 시대에 사역자는 물론이고 모든 성도가 하나님께 힘써 나아가야 합니다. 하나님의 능력을 받지 못하면 사역을 제대로 감당하지 못합니다. 하나님께 나아가려면 깊은 회개와 간구가 선행되어야 합니다.

8절에서 바울은 자신을 가리켜 "모든 성도 중에 지극히 작은 자보다 더 작은 나"라고 표현했습니다. 바울은 자신을 그렇게 평가했습니다. 바울이 단순히 겸손한 사람이기 때문에 그런 것이라고 말할 수 없습니다. 일반적으로 그렇게 생각하겠지만, 이 말은 솔직히 바울의 당연한 고백입니다. 지극히 작은 자보다 "더 작은", 즉 가장 작은 것을 뜻하는 최상급 표현입니다. 강한 자기부정을 할 때 쓰는 말입니다(로버트슨). 바울은 그렇게 밖에 말할 수 없는 자신의 부끄러운 과거가 있습니다. 사도 바울은 젊었을 때 예수님을 믿는 사람들을 핍박했습니다. 그리스도인을 핍박하는 사람들 중 우두머리 격이었습니다. 그는 스데반을 죽였고(행 7:58), 그 후에도 여러 지역을 다니면서 수많은 사람을 죽이고, 잡아 옥에 가두며, 핍박했습니다. 그래서 성도들은 여러 지역으로 도망을 가야 했는데, 바울은 그 도망간 곳까지 무장한 사람들을 이끌고 가 그들을 핍박했습니다. 믿음이 작은 자와 이제 막 예수를 믿기 시작한 자도 다 죽이고 때리고 감옥에 보냈기에, 바울은 그들보다도 주님을 알고 믿는 데 작은 사람이었던 것입니다.

바울은 자신의 과거를 생각하면서 단순히 겸손을 표현한 것이 아니라 자신이 실제로 그런 사람이었음을 고백하고 있는 것입니다. 바울은 처음에 자신을 가리켜 "사도 중에 가장 작은 자"(고전 15:9)라고 했고, 지금은 "모든 성도 중에 지극히 작은 자보다 더 작은 자"라고 하고 있으며, 나중에는"죄인 중에 내가 괴수"(딤전 1:15)라고 했습니다. 나이가 들면서 영적으로 깊어지고 천국에 가까워갈수록 더 겸손해지는 모습을 볼 수 있습니다. 바울은 나이가 드는 동안 자신이 아무리 회개해도 죄를 완전히 씻을 수 없음을 알고 이런 말을 한 것으로 보입니다.

하나님을 제대로 만나지 못한 사람들은 자신이 무엇인가 대단한 것을 소유한 것처럼 스스로 높이기도 합니다. 다른 사람들과 비교하면서 '내가 뭐가 부족하냐? 나는 저 사람보다는 낫다'고 하는 사람도 있습니다. 우리는 사람을 볼 때 영적인 면을 먼저 보아야 합니다. 바울은 하나님 앞에 나아갈수록 자신이 죄인 중에 괴수인 것을 깨달았습니다. 자신의 죄를 깨닫게 되면 다른 사람의 죄를 찾아내거나 비판하려는 생각이 사라집니다.

하나님께 더 가까이 나아가려면 깨끗해져야 하는데 사람들은 자신의 죄를 직면하는 것을 싫어하고 피하려고 합니다. 그런 태도를 가진다면 17세기 후반 칼뱅주의 교회가 타락한 것처럼 될 것입니다. 17-18세기에 있었던 경건주의 운동은 바로 회개 운동이었습니다.

바울은 자신이 작은 자라는 것을 알았습니다. 그리고 그런 자신이 은혜를 받은 것이 "그리스도의 풍성함"을 이방인에게 알리려는 하나님의 뜻인 것을 알았습니다. 우리는 바울이 말한 이방인에게 주신 "측량할 수 없는 그리스도의 풍성함"을 맛보아야 합니다. 주님이 이방인을 사랑하시는 그 은혜는 자로 잴 수도 없고, 저울에 달수도 없을 만큼 큽니다. 바울은 이 사실을 온 몸을 던져 이방인에게 전한 것입니다. 우리는 이것을 알고 그 사랑을 경험해야 합니다. 그러면 은혜와 건강과 기쁨이 충만하고, 미래의 길이 열립니다. 후손까지도 은혜 속에 살게 됩니다. 예수 안에 있으면 영적이든 육적이든 모든 면에서 그리스도의 풍성함을 체험할 수 있습니다. 주님은 온 세계의 모든 것을 소유한 분입니다. 풍성한 사람과 교제하면 기쁨이 넘치고, 척박한 심령의 사람과 교제하면 답답해집니다.

만일 성도인 우리가 그리스도의 풍성함을 누리지 못한다면 그것은 문제입니다. 이것은 깊은 동굴 속에 숨겨진 보화가 있는데 어두운 동굴에 들어가는 것을 두려워하여 입구에서 서성거리는 것과 같습니다. 우리는 그리스도 안으로 깊이 들어가 그 은혜를 받고 복음을 전해야 합니다.

9절은 7절과 8절에 나타난 하나님의 은혜를 다시 한 번 강조해주는 말씀입니다. 하나님은 말할 수 없는 비밀을 가지셨는데 그 경륜이 바울을 통해 드러나도록 하신다는 것입니다. "영원부터"는 영원 전부터라는 말과 같습니다(박윤선). 하나님은 누구십니까. 그분은 "영원부터 만물을 창조하신" 분입니다. 온 세상을 창조하신 분의 뜻이 어떠한 것인지 아는 것이 가장 중요한 '앎'입니다. 바울이 사역한 수준은 이 정도로 깊은 것이었습니다. 온 우주를 창조하신 창조주가 그동안 감추어두셨던 비밀을 이제 때가 되어 바울에게 전하게 하신 것입니다.

너희를 위한 나의 환란

"이는 이제 교회로 말미암아 하늘에 있는 통치자들과 권세들에게 하나님의 각종 지혜를 알게 하려 하심이니 곧 영원부터 우리 주 그리스도 예수 안에서 예정하신 뜻대로 하신 것이라 우리가 그 안에서 그를 믿음으로 말미암아 담대함과 확신을 가지고 하나님께 나아감을 얻느니라 그러므로 너희에게 구하노니 너희를 위한 나의 여러 환난에 대하여 낙심하지 말라 이는 너희의 영광이니라"(3:10-13)..

10절에서 바울이 교회를 통하여 하고자 하는 일을 설명합니다. 그 내용은 역시 "각종 지혜를 아는" 것입니다. 바울이 이방인에게 하나님의 뜻을 알게 했듯이, 이제 교회도 그 일에 나서야 합니다.

교회를 통해 하나님의 지혜가 퍼져나갈 때 그 지혜를 알아야 할 대상이 정해져 있습니다. 누구에게 지혜를 알려야 할까요? 놀랍게도 일반 사람들이 아닌 하늘에 있는 통치자들과 권세들입니다. 이 존재들에게 하나님의 비밀을 알려야 한다고 바울은 이야기합니다. 사실 교회로 나타난 구원 운동은 천사들도 몰랐던 일입니다(벧전 1:12).

온 땅에 복음이 전파되는 것도 중요하지만 “하늘에 있는 통치자들과 권세”들에게 하나님의 지혜를 드러내는 것이 중요합니다. 통치자들과 권세들은 천사나 마귀에게 다 사용하는 용어입니다. 하늘의 천사들은 하늘나라와 교회의 머리이신 예수님을 다 알 것입니다. 성부와 성자와 성령은 다 하늘에서 통치하십니다. 그런데 성자 하나님이 이 땅에 오신 것입니다. 성자는 “여호와의 사자”로 구약에 자주 나오셨지만 어린아이로 이 땅에 오시게 되자 하늘은 비상 상황이 되었습니다. 하늘나라의 천사들과 죽어서 하늘에 먼저 간 성도들 모두가 놀랐을 것입니다. 삼위 하나님은 회의를 통해 성자가 이 땅에 어린아이로 오셔서 33세까지 사시다가 십자가에서 죽으시고 부활하신 후 승천하시는 모든 과정을 계획하신 것입니다. 하늘 통치자의 죽음에 대한 계획은 온 하늘나라를 긴장시켰을 것입니다. 예수님은 승천하신 후 제자리로 돌아가셨습니다.

구약 시대에 성전에서 제사드리는 것과 예수님이 승천하신 후 교회가 세워져 예배드리는 것에는 의미적으로 많은 변화가 생겼습니다. 신약교회는 성령의 역사하심으로 많은 변화가 일어났습니다. 성도들이 자발적으로 교회를 세웠고, 전도했으며, 기적과 이적을 행하였습니다. 구약교회에서는 거의 전도하지 않았습니다. 유대인들 거의 대부분이 하나님을 알았기 때문입니다. 그러나 예수님이 이 땅에 오신 후 예수님이 하나님의 아들이신 것과 그분이 우리의 죄를 해결하시고 구원을 이루신 것을 믿지 못하는 사람들에게 전도가 필요했습니다. 성령의 능력으로 성도들이 예수님을 증언하기 시작했습니다. 하나님이 주님과 함께 새로운 교회를 세우시고 새로운 계획을 실천하셨는데, 이제 열매를 맺는 것을 보여주시는 것입니다. 교회가 새롭게 세워져 은혜를 받은 성도들이 복음을 전했고, 복음을 들은 많은 성도가 몰려왔습니다.

이것은 마귀들도 궁금해하던 부분입니다. 예수님을 죽이는 일에 자기들이 총동원했는데 과연 어떤 결과가 나올지 궁금했을 것입니다. 마귀들이 하나님의 지혜와 구원의 섭리를 막기 위해 세례 요한과 예수님을 죽이고 통쾌해했겠지만, 그 후 어떤 결과가 나올지 몰랐을 것입니다. 또 바울이 교회를 세우자 마귀는 훼방하며 관찰하고 있었을 것입니다. 그런데 10년, 20년이 지나면서 하늘에서 놀라운 은혜가 내려오고, 수많은 성도가 교회에 나오며, 곳곳에 교회가 세워지고, 수많은 순교의 피가 열매를 맺었습니다. 교회를 통해 구원받을 성도가 모이는 것이 하나님의 계획이고, 이것을 "통치자들과 권세들에게", 즉 영적 존재들인 천사들과 마귀들에게 보여주는 것입니다. 이들은 천사들만 가리킨다고 할 수 없습니다. 이 모습들이 천사에게는 기쁨이고 마귀에게는 낭패가 될 것입니다. 이 모든 일을 계획하고 이룬 분이 하나님입니다. 이러한 하나님의 지혜는 마땅히 천사나 마귀에게 증거되어야 합니다. 마귀의 꾀는 하나님의 지혜를 당할 수 없습니다.

11절에서 바울은 "예정하신 뜻대로"라고 말하면서 교회가 세워지고 성도들이 모이는 것은 어쩌다 된 일이 아니고 영원부터, 즉 영원 전부터 하나님이 한 치의 오차도 없이 진행하신 것임을 알려주었습니다. 이 모든 것이 하나님의 지혜입니다. 그리고 이 모든 축복된 구원 계획은 오직 예수 그리스도 안에서만 이루어지도록 계획하셨습니다. 이방인을 향한 이 부르심은 하나님의 보좌에 앉는 것도 포함됩니다(크리소스톰).

12절에서는 "믿음"을 강조합니다. 그러므로 성도가 예수님을 믿으면 죄가 용서받고 회개할 길이 열리며, 천국에 갈 수 있게 된다는 마음을 갖고 하나님께 나아가야 할 것을 말합니다. 추한 죄인은 하나님께 나아갈 수 없습니다. 구약에서 죄인이 하나님 앞에 나아가면 죽는다고 여러 곳에 나옵니다. 이것은 지금도 마찬가지여서 하나님은 죄인을 만나주지 않으십니다. 죄 덩어리인 사람은 거룩하신 하나님께 가까이 가면 죽습니다. 다니엘서에 나오는 벨사살 왕의 죽음이 대표적인 예입니다. 그가 하나님 성전의 기물을 함부로 사용하자 하나님의 손이 나타나 말씀을 기록하셨는데 그것을 본 그날 그는 죽었습니다. 인간은 회개하지 않고 하나님께 나아갈 수 없습니다. 우리는 죄성을 가지고 태어났기에 누구나 죄가 있습니다. 거룩하신 하나님과 죄는 같이 둘 수 없습니다. 이러한 죄인도 예수 그리스도의 피를 의지하고 회개하면 죄가 용서받는다는 것을 믿는 것이 믿음의 출발입니다.

그런데 바울은 "담대함과 확신"을 가지고 하나님께 나아감을 얻는다고 했습니다. 아무나 하나님께 나아갈 수 있다면 담대한 일이 아닙니다. 예수님의 은혜로 우리는 거룩하신 하나님 존전에 나아갈 수 있게 된 것입니다. 예수님이 내 죄를 용서해주셨다는 분명한 믿음이 없이는 하나님께 나아갈 수 있다는 담대함이나 확신이 있을 수 없습니다. 구약에서는 하나님을 만난다는 것은 생각도 못하는 일이었습니다. 아주 소수만 하나님을 만날 수 있었습니다. 성자 예수님이 이 세상에 오신 후 이제 하나님의 자녀들은 하나님과 친근해질 수 있습니다. 그동안 깨끗하고 거룩해지지 않아서 하나님을 만나지 못한 것이고 기도 응답도 받지 못한 것입니다. 하나님이 오셔야 응답을 받습니다. 그런데 오시지 않으니 친밀함도 없고 응답도 없기에 신앙생활이 재미없는 것입니다. 예수님의 십자가에 내 죄를 고백하고 그 보혈로 내 죄가 다 씻어졌다는 확증으로 주님이 오셔서 성령을 보내주시고, 그 성령의 역사하심이 나타나야 확실히 내가 하나님과 가까워지는 것입니다.

13절에서 바울은 지금까지 자신이 하나님의 사람인 것을 강조한 후 자신이 받은 "여러 환란에" 대하여 낙심하지 말라고 말합니다. 바울은 많은 고난을 받았고 지금도 감옥에 갇혀 있습니다. 그런데 바울이 감옥에 갇혀 있는 것을 보고 낙심하거나 이상하게 여기는 사람들이 있었습니다. 사실 하나님의 사람이 고난당하는 것은 이상한 일이 아니기 때문입니다. 내 욕심 때문에 환란을 당하는 것이 아니라 주님 나라를 위해 일하다가 당하는 환란이기 때문입니다. 뿐만 아니라 바울은 자신이 있는 자리가 하나님을 만나는 자리라고 생각했기에 바울의 수난은 영광스러운 일입니다(박윤선). 내가 있는 장소, 내가 처한 상황, 모든 환란은 그렇게 중요하지 않습니다. 수준 높은 성도가 되려면 환란에 대처하는 모습이 다른 사람과는 달라야 합니다. 이 글을 읽는 에베소 성도 모두 다 바울의 전도로 복음을 받아들인 것이므로 결국 바울이 그들을 위해 감옥에 간 것이 됩니다.

이것이 에베소 교회 성도들로서는 "영광"스러운 일이라고 한 것입니다. 바울이 아니었으면 그들은 복음을 듣지 못했을 것이고, 결국 성도도 되지 못하며, 하늘의 영광도 알지 못했을 것입니다. 그들을 위해 바울이 고난도 받고 감옥에도 갔으니 그들 자신이 얼마나 귀한 존재인지 알라는 것입니다.

위대한 분이 나 때문에 고난을 당했다면 어떨까요? 만약 내가 물에 빠졌는데 위대한 사람이 나를 구하고 대신 죽었다면 나는 얼마나 귀한 존재이겠습니까. 또 내가 얼마나 귀한 생명을 얻었는가 하는 생각으로 자기 생명을 더 귀하게 여길 것입니다. 바울뿐이겠습니까. 그 이전에 주님의 죽으심이 성도들에게 영광인 이유는 나를 위해 돌아가신 주님이 너무나 위대한 분이기 때문입니다. 또 그만큼 내가 귀한 영혼이 된 것입니다. 그래서 예수님을 진실로 믿는다면 평생 복음 안에서 사는 것이 영광입니다. 그래서 예수님을 믿는 성도는 다 영광된 자이고, 하늘나라를 상속받을 사람이며, 하늘나라의 시민권을 가진 사람입니다. 우리가 예수님을 믿는 것, 복음을 받은 것은 감사한 일입니다.

속사람이 충만하라

"이러므로 내가 하늘과 땅에 있는 각 족속에게 이름을 주신 아버지 앞에 무릎을 꿇고 비노니 그의 영광의 풍성함을 따라 그의 성령으로 말미암아 너희 속사람을 능력으로 강건하게 하시오며 믿음으로 말미암아 그리스도께서 너희 마음에 계시게 하시옵고 너희가 사랑 가운데서 뿌리가 박히고 터가 굳어져서 능히 모든 성도와 함께 지식에 넘치는 그리스도의 사랑을 알고 그 너비와 길이와 높이와 깊이가 어떠함을 깨달아 하나님의 모든 충만하신 것으로 너희에게 충만하게 하시기를 구하노라"(3:14-19).

사도 바울은 14절에서 하늘과 땅에 있는 "각 족속"에 대해 이야기합니다. 바울은 영안이 열렸고 하늘을 본 사람이어서 하늘에 대한 이야기를 많이 합니다. 하늘을 보지 못했는데 어떻게 셀 수도 없이 하늘에 대해 말하겠습니까. 바울이 말한 것처럼 하늘에도 여러 족속이 있고 땅에도 족속이 있습니다. 하늘에서도 성도들이 모여 사는데 족속끼리 모여 산다는 것입니다. 이 족속은 영적인 족속, 즉 나라라고 보아야 합니다. 그것은 앞뒤 본문을 살펴볼 때 한결같이 영적인 이야기를 하기 때문입니다. 또한 중요한 것은 여기서 바울은 한 부모로부터 이어져온 "족속"이 있듯이 여기서 "족속"을 통해 총회와 천상의 존재들의 서열에 대해 말하고 있는 것입니다(크리소스톰). 우리는 족속의 다양함을 언급한 크리소스톰의 혜안을 깊이 받아들일 필요가 있습니다. 또한 성도는 비록 이 땅에 살고 있지만 하늘나라와 공유되어 있습니다.

15절에 보면 신비한 말이 나옵니다. 족속이 있는데 그 모든 족속에게 "이름을 주셨다"고 하는 것입니다. 이스라엘 백성에게 열두 족속이 있었듯이 천국의 지역마다 이름이 있고, 개인에게도 하나님이 주신 이름이 있습니다. 우리에게는 아버지가 지어주신 이름도 있으나, 하늘에서 아버지가 되시는 주님이 각자에게 새로운 이름을 주실 것입니다. 하늘에서의 이름이 있고 땅에서의 이름이 있는 것입니다. 육신의 부모는 성의 없이 이름을 지어줄 수도 있지만, 하나님은 우리 영혼을 다 아시고 미리 이름을 지어놓으시고, 하늘나라에서 그 이름을 불러주십니다. 바울도 주님이 이름을 바꾸어주셨습니다. 육신의 아버지는 사울이라 이름을 지었는데 그것은 "첫째"라는 의미입니다. 주님은 바울이라는 새 이름을 주셨는데 "말째"라는 의미입니다. 그러나 하늘에 갔을 때 그를 칭하는 다른 여러 이름도 있을 것입니다. 바울은 이름을 주신 아버지 앞에 무릎을 꿇고 기도했습니다. 아버지이니까 아버지에게 간절히 구하는 것입니다. 이름을 지은 자는 권리도 있고 책임도 있습니다. 바울은 자신의 친아버지인 하늘 아버지께 아들의 입장에서 구하는 것입니다. 바울이 기도한 내용은 에베소 교회 성도들을 위한 것입니다.

바울은 16절에서 “너희 속사람을 능력으로 강건하게 해 달라”고 기도합니다. 바울은 내면, 영적 세계, 속사람 이야기를 많이 했습니다. 보통 사람들은 겉사람, 즉 육체만 봅니다. 조금 더 깊이가 있다면 영혼과 육체, 마음에 대해 이야기합니다. 하지만 영적으로 수준이 있는 사람은 그의 영혼 또는 “속사람”에 대해 말하며 관심이 많습니다. 사람을 볼 때 육만 보느냐, 아니면 육과 마음, 또는 육과 영혼, 더 나아가 육과 속사람으로 보느냐에 따라 단계가 달라집니다. 헬라인들은 속사람에는 이성과 양심과 의지가 있다고 합니다(바클레이). 바울은 우리 몸속에 또 다른 사람이 있다는 것을 강조하고 있습니다. 그 주인공이 속사람입니다. 이 사람은 영적 자아로 중생한 사람의 이름입니다(박윤선). 그런데 사람은 육체보다 속사람을 “강건하게” 하는 것이 중요합니다.

“그의 성령으로 말미암아…능력으로” 바울은 속사람을 강하게 해달라고 기도했습니다. 성령의 능력으로만 속사람을 강하게 할 수 있습니다. 육체의 연습은 “약간의”유익이 있지만 성도에게 중요한 것은 속사람이 강건해야 하는 것입니다. 육신의 강건함은 속사람에게 많은 영향을 주지 못하지만, 속사람이 강건하면 육체의 강건함에 많은 영향을 줍니다. 육적인 집인 육체의 집이 깨끗해야 질서가 잡히고 정서적으로 안정을 얻습니다. 운동을 하지 않아도 건강하고 병이 없는 것은 속사람이 강건하기 때문입니다. 우리의 속사람은 성령을 통해 강건해지고, 그러면 육신도 강건해집니다. "그의 영광의 풍성함에 따라." 성령의 역사하심으로 성도가 풍성함을 받습니다.

17절은 사도 바울의 깊은 신앙을 드러내줍니다. 바울은 마음에 주님이 계셔야 한다고 했습니다. "그리스도께서 너희 마음에 계시게 하시옵고." 진정한 사도는 성도의 속사람에 관심을 가져야 합니다. 성도의 속사람 가운데 주님이 머무시기를 기도해주는 지도자가 있다면 그 성도들은 복됩니다. 그런데 이렇게 되려면 "믿음으로 말미암아", 즉 예수 그리스도가 나를 위해 죽으시고 부활하셨으며 지금은 내 속에 들어오신다는 것을 믿는 믿음이 필요합니다. 이런 믿음이 있을 때 주님이 마음에 들어오셔서 머물러 계십니다. 성도들이 주님의 사랑 가운데 깊이 뿌리내려야 합니다. 그것은 내 마음에 계신 주님께 내 속사람이 온전히 복종하고 주님의 명령을 따르는 것입니다. 그럴 때 주님과 내 속사람이 하나가 됩니다. 땅속 깊이 나무뿌리가 내리듯 되는 것입니다. 성도는 나무이고 주님은 땅이며 터입니다. 터이신 주님이 내 속사람 가운데 흔들리지 않으시고 온전히 계시면, 그곳에 내가 뿌리를 내리고 좋은 열매를 거둘 수 있습니다. 주님이 내 마음 안에 든든히 계실 때 내 터가 더 든든해집니다. 믿음의 씨앗이 뿌리내려야 합니다. 내 마음속에 주님이 오시고 거기에 뿌리를 내려야 합니다. 주님이 계신 곳에 성령이 계시는 것이고, 그 성령이 내 속사람을 자라게 하실 것입니다.

18절에 계속 이어집니다. "그리스도의 사랑을 알고." 성도는 그리스도가 자신을 얼마나 사랑하시는지를 당연히 알아야 합니다. 나 혼자만이 아니라 "모든 성도와 함께" 알아야 합니다. 하나님의 나라는 나 혼자만 있는 것이 아니고 택하신 모든 성도와 함께 있고 함께 지어져가기 때문입니다. 그리고 그 사랑을 알려는 사람은 친히 사랑을 실현해야 알게 됩니다 (박윤선).

"지식에 넘치는." 즉 지식적으로 주의 사랑을 깊이 알아야 합니다. 나무뿌리가 땅에 박히면 나무에게서 영양분을 제공받고, 그 나무가 땅으로부터 보호받고 있는 것을 알 것입니다. 성도는 이처럼 예수 그리스도의 사랑을 지식적으로 도저히 부인할 수 없는 이성적, 감성적, 경험적 지식이 있어야 합니다. 예수님을 깊이 알면 주님이 그 지식을 통해 역사하십니다. 예수님을 깊이 아는 지식을 통해 주님을 더 깊이 사랑할 수 있습니다. "능히" 이것은 얼마든지 하나님의 은혜로 가능합니다.

19절에 보면 사랑의 크기를 말합니다. 주님의 사랑은 측량할 수 없습니다. "너비와 길이와 높이와 깊이"를 다 깨달아야 합니다. 우리 인간이 주님의 사랑을 다 아는 것은 불가능합니다. 우리가 이해할 수 있는 범주를 벗어나기 때문입니다. 우리 이성으로 측량할 수 있는 범위를 넘었고, 우리의 몸으로 알 수 있는 한도를 넘었기 때문에 인간의 그 어떤 것으로도 상상할 수 없습니다. 하나님은 그만큼 크시고 그렇게 우리를 사랑하십니다. 주님의 사랑은 유대인이나 이방인을 다 포함하실 정도로 넓고, 영원히 지속될 정도로 길며, 타락한 죄인을 품을 수 있을 만큼 깊고, 그들을 하늘로 올릴 수 있을 정도로 높습니다(스캇). 주님을 아는 것이 복입니다. 주님을 아는 지식이 없어서 자녀 된 이스라엘이 망했습니다(호 4:6). 우리는 망하지 않기 위해서라도 그 지식을 쌓아가야 합니다. 더 많이 알수록 기쁘고 행복해지며 그 은혜에 감사하여 더욱 충성하게 됩니다.

"충만하게 하시기를." 하나님의 모든 충만함이 그분의 자녀에게 넘쳐야 합니다. 그러므로 신의 본질에 참여하는 자가 되는 것을 말합니다(매튜 헨리). 부자의 아들은 부자입니다. 하나님의 충만함을 맛본 바울은 에베소 교회 성도들에게 어디까지 갈 수 있는지, 어느 정도 풍성할 수 있는지 확실히 알고 말하는 것입니다. 자신이 확실히 체험한 증거가 있을 때 말의 권위가 섭니다. 하나님의 깊은 맛을 보아야 합니다. 그런데 하나님을 아는 지식의 수준이 사람마다 차이가 납니다. 어떤 사람은 수박을 구경하고, 어떤 사람은 만져보며, 어떤 사람은 수박의 겉을 핥고, 어떤 사람은 조금 잘라 맛만 보며, 어떤 사람은 깨서 먹어보고 수박에 대해 말하는 것입니다. 불행하게도 어떤 사람은 "수박이 저기 있다" 하고 소개할 수도 있습니다. 더 심하면 "저게 수박일지도 모른다"거나 "수박이 있는데 맛이 있다더라" 하는 정도의 사람도 있을 것입니다. 경험에 따라 그들의 말은 다 다를 것입니다. 하나님의 사랑을 아는 일에 대해 성도들의 수준도 그렇게 다 다릅니다.

바울의 말은 깊이가 있습니다. 그만큼 체험이 깊기 때문입니다. 이왕 예수님을 믿는 것이고, 살아있는 날 동안 예수 그리스도의 그 맛을 다 보면 하늘나라에 대한 소망이 훨씬 더 커집니다. 주님을 체험한 어떤 사람은 자신이 힘들어하고 있을 때 주님이 오셔서 자기 볼을 만져주신 것을 느꼈다고 간증했습니다. 그래서 자신은 그 고통 속에서 큰 힘을 얻었다고 고백했습니다. 성도는 이 땅에서 마귀나 천사, 주님을 다 체험할 수 있습니다. 성경은 글자가 아닌 실제입니다. 성경을 이론적으로나 지식을 얻기 위해 보아서는 영적 능력이 생기지 않습니다. 성경에 나오는 내용을 체험한다면 성도에게 큰 힘이 됩니다. 속사람이 강건해지려면 성령이 우리 속에서 역사하셔야 합니다. 주님의 큰 사랑을 알아야 하고, 주님이 우리 속에 오셔서 충만해져야 합니다. 주님이 우리 속에 들어오시는지, 또 들어오시는 만큼 우리는 충만할 수 있습니다. 하나님의 사랑은 광대하여 어디든지 뻗어 있습니다(크리소스톰).

노력에 대하여

"우리 가운데서 역사하시는 능력대로 우리가 구하거나 생각하는 모든 것에 더 넘치도록 능히 하실 이에게 교회 안에서와 그리스도 예수 안에서 영광이 대대로 영원무궁하기를 원하노라 아멘"(3:20-21).

바울은 20절에 예수 그리스도가 성도들에게 얼마나 넘치도록 은혜를 내려주기를 원하시는지 다시 이야기합니다. 바울은 먼저 "우리 가운데서 역사하시는 능력대로"라고 말합니다. 사도 바울이 자신과 에베소 교회에 하나님이 교회를 세우시고 보존하시며 성도를 모으시고 능력으로 역사하신 것을 보았습니다. 하나님이 능력을 주시고 행하게 하신 것을 체험했기 때문입니다. 수많은 사람이 복음을 듣고 교회에 나오는 것이 기적입니다. 하나님이 일반 사람들에게 보이지도 않는데, 단순히 말씀을 듣고 교회에 나오는 것을 볼 때 하나님 말씀에 능력이 있음을 알 수 있습니다. 그리고 글에도 능력이 있어서 바울이 편지를 써서 교회에 보냈는데 그 글에 성도들이 은혜를 받았습니다. 성도들이 바울의 글을 읽을 때 가슴이 뜨겁고 하나님 나라가 임하는 느낌을 받은 것입니다. 교회를 세울 때 하나님의 은혜도 있지만 마귀의 훼방으로 인한 어려움도 있습니다. 그것을 막아내고 교회를 세우는 것도 하나님의 능력이 있어야 합니다.

능력은 개인에게도 임합니다. 바울에게 하나님의 능력이 임했습니다. 바울은 병 고치는 능력, 귀신을 쫓는 능력, 또 그렇게 많이 맞았는데도 다시 회복되는 능력이 있었습니다. 이것도 대단한 능력입니다. 그는 돌에 맞아 죽었다가도 살아나고, 39대의 매를 5번 맞고도 일어나서 전도했습니다. 사람들은 바울을 때려도 소용이 없자 포기하고 내버려두었습니다. 초대교회 때 하나님의 능력이 성도들에게 강하게 임했습니다. 지난 2천 년 동안 교회 안에 또 성도에게 예수 그리스도의 능력이 임했습니다. 대한민국 교회나 성도에게도 말로 다할 수 없는 능력이 임했습니다. 그러므로 많은 시련과 핍박과 고난을 이기고 한국교회가 이렇게 섰습니다. 우리나라가 경제적으로 성장하자 사람들은 점점 더 고난을 싫어하고 견디지 못합니다. 성도들을 상담하다 보면 죽고 싶다는 사람이 많습니다만, 사실 죽을 일은 없습니다. 바울은 우리와 비교할 수 없는 수많은 고난을 이겼습니다. 이렇게 바울은 세상을 이기고 마귀를 이기는 능력이 많은 사람이었습니다. 결국 여기에서 말하는 "능력"은 부활의 능력이요, 그를 하늘 보좌에 앉히시며, 또한 그리스도와 함께 우리를 살리시고 보좌에 앉히는 능력입니다(존 스토트). 그리고 성도들이 세상을 이기는 능력입니다.

"더 넘치도록 능히 하실 이." 바울은 계속 말을 이어갑니다. 지금까지도 하나님이 능력을 나타내셨는데, 성도들이 기도하는 제목, 마음에 생각하는 바가 있는 것을 아시고 그 위에 더 넘치도록 능히 하실 이에게라고 하였습니다. '조금 넘치는 것으로' 이렇게 말하지 않았습니다. 주님은 성도 한 사람 한 사람마다 그들이 처한 형편을 보시고 그의 기도의 내용과 태도, 하나님과의 관계에 따라 차이는 있지만 넘치게 주실 것입니다. 내가 기도한 것, 또 말로 하지 않았지만 마음으로 생각만 하던 것까지 아시고 그것보다 넘치게 주시는데, 그런 주님을 믿지 않고 구하지 않는다면, 또 기도하고도 이루어질 것을 기대하지 않는다면 미련한 사람입니다. 세월이 아무리 지나도 주님은 지금도 운행하고 계십니다. 하나님의 은혜와 능력이 일하고 계시며, 그 능력을 부어줄 사람을 찾으십니다.

21절에 나오는 "교회 안에서와 그리스도 예수 안에서"라는 말은 서로 같은 의미입니다. 교회의 머리가 예수 그리스도이시기 때문입니다. 성도는 예수님 안에서 살고 교회 안에서 살아가는 것입니다. 교회는 하나님의 영광을 위하여 세워진 거룩한 사회이며, 유대인과 이방인을 막론하고 모든 개개인이 하나님께 영광을 돌리기 위해 모인 사회입니다(매튜 헨리). 그러므로 눈에 보이는 교회가 흠이 많아 보이지만 사실 귀한 것입니다. 또한 눈에 보이지 않는 교회도 생각해야 합니다. 예수님이 바로 교회입니다. 가톨릭은 교회에 구원이 있다, 교회가 구원을 준다는 논리를 펼쳐 성도들이 눈에 보이는 교회를 두려워하도록 하였습니다. 교회에서 파문을 당하면 구원을 받지 못한다고 생각하기 때문입니다. 하지만 그렇지 않은 것이 눈에 보이는 교회는 문제가 있기도 합니다. 하지만 문제가 있더라도 시간을 두고 고칠 수 있는 기회를 주어야 합니다. 문제가 없는 성도나 교회는 없습니다. 서로서로 부족함을 알고 이해해야 합니다. 사람은 우리에게 실망을 주기도 하지만 실제 교회의 주인은 예수 그리스도이시기 때문에 모든 것을 이해하고 이겨나갈 수 있습니다.

하나님이 세우신 교회, 예수님의 영적인 교회인 하늘나라는 흠이 없습니다. 교회의 머리는 예수님이시므로 우리는 함부로 교회를 비판해서는 안 됩니다. 우리에게는 개선해나갈 것이 있는 것이지 교회 존폐를 거론하는 것은 사악한 행동입니다. 성도가 교회 안에 있으면 예수 안에 있는 것입니다. 허물이 있다 할지라도 교회는 존귀합니다. 주님을 바라보고 신앙생활에 힘쓰면 지금도 하나님이 강한 능력을 우리에게 나타내실 것입니다. 좋은 것을 주시려고 기다리고 계시는 주님께 인생을 맡기고 자녀와 가정과 기업을 맡겨야 합니다. 성도가 회개하고 기도하면 악령이 떠나고 주님은 역사하십니다. 성도들은 "영광"이 우리 교회와 우리 가정 그리고 우리 후손 대대에 나타나기를 소원해야 합니다. 분명한 것은 바울의 소원대로 하나님의 교회에 하나님의 영광이 영원히 지속될 것입니다. 이것은 신적인 능력만이 신적인 사회 안에서 신적인 사랑이 생겨나게 할 수 있다고 확신하여 쓴 글입니다(존 스토트).

4장_새 사람

Ephesians

성령이 하나 되게 하시다

"그러므로 주 안에서 갇힌 내가 너희를 권하노니 너희가 부르심을 받은 일에 합당하게 행하여 모든 겸손과 온유로 하고 오래 참음으로 사랑 가운데서 서로 용납하고 평안의 매는 줄로 성령이 하나 되게 하신 것을 힘써 지키라"(4:1-3).

에베소서는 긴 글이 아니지만 바울의 영적 수준과 에베소 교회를 향한 사랑, 하나님의 일을 하는 자세 등을 알 수 있게 해줍니다. 바울은 주님께 직접 배웠을 신학자이고 성경 기록자입니다. 우리는 가능하면 바울처럼 수준 높은 성도가 되려고 힘써야 합니다. 한 번밖에 살 수 없는 인생을 의미 있게, 열매 맺는 인생으로 살아야 합니다. 하나님이 우리를 보고 계십니다. 우리가 죽은 후에는 하나님의 심판이 기다립니다. 그때는 돌이킬 수 없으므로 이 땅에 있을 동안 하나님의 마음에 합당하게 생활해야 마땅합니다.

1절에서 바울은 "너희가 부르심을 받은 일에 합당하게 행하여"라고 말합니다. 바울은 1-16절에서 부르심에 합당한 생활이 무엇인지 설명합니다. 사람은 저마다 하나님의 부르심이 다릅니다. 직분과 수준이 다 다릅니다. 어떤 사람은 사도, 어떤 사람은 전도자, 또 어떤 사람은 목사나 학자 등으로 부르심을 받습니다. 그 부르심에 합당하게, 즉 분수에 넘치거나 모자람이 없게 행해야 합니다. 중요한 것은 자신이 어떤 부르심을 받았는지 알고 제대로 순종해야 합니다. 하나님의 의도와 관계없이 자기 마음대로 선택해서 직분을 행하거나, 하나님의 부르심이 자기 마음에 들지 않는다고 자신이 원하는 것으로 바꾸어 행할 수 없습니다.

한 사람 한 사람이 하나님의 부르심을 따라 그에 합당하게 정상적 방법으로 행하였는지 또한 열매를 맺고 있는지 살펴보아야 합니다. 다른 사람이 보기에 멋진 직책을 맡는 것보다 하나님이 인정하실 만하게 그 일을 행하는 것이 더 중요합니다. "합당하게"라는 말씀을 결코 잊지 말아야 합니다. 성도의 일은 하나님이 원하시는 모양과 방법이어야 합니다. 자신의 열매를 자랑스럽게 내놓을 수 있어야 합니다. 성경에서 자랑은 긍정적인 의미로도 여러 번 나옵니다. 하나님이 맡기신 일에 충성해야 자랑할 수 있습니다. 그렇게 하려면 다른 사람들의 눈을 의식하지 말고 목숨을 걸고 최선을 다해 감당해야 합니다. 자신이 하나님께 어떤 일을 맡았는지, 하나님이 어떤 목적을 가지고 자기를 부르셨는지 알아보고, 나중에 하나님께 그 일에 대한 판단을 받을 것을 각오해야 합니다.

바울은 "주 안에서 갇힌 내가"라고 강조합니다. 바울은 주님 말씀대로 행하다가 로마 감옥에 갇힌 것입니다. 로마 황제에게 예수 그리스도를 증거하다가 갇힌 것입니다. 그래서 그런 자신을 자랑스러워한 것입니다. 바울은 성도들을 진심으로 사랑했기 때문에 그들이 잘되도록 하기 위하여 권면하고 있습니다.

2절에서 성도들이 행할 자세를 가르쳐줍니다. 먼저 이렇게 말합니다. "모든 겸손과." 성도는 주의 일을 할 때 겸손이 가장 우선입니다. 원래 겸손은 굽실거리며 복종하는 노예의 모습을 나타낼 때 사용하는 말이었으나(브루스), 성경은 영적으로 보다 깊이 말합니다. 겸손으로 행한다는 것은 하나님 앞에 죄인인 내가 있다는 마음으로 행하는 것입니다. 바클레이도 그리스도인의 겸손은 자기를 바라보는 것과 그리스도를 바라보는 것 그리고 하나님을 깨닫는 것 위에 세워진다고 했습니다. 하나님 앞에 선다면 누구나 겸손하게 됩니다. 나를 살리시고 죽이시며, 상과 벌을 주시는 하나님이 내 앞에 계심을 안다면 누구나 겸손해질 수밖에 없을 것입니다. 기도할 때도 하나님 앞에 선다는 자세를 가져야 유익이 있습니다. 하나님이 힘을 주셔서 일을 했는데 내가 어떻게 그것으로 자랑할 수 있겠습니까. 귀한 일을 했어도 온전히 하나님께 영광을 돌릴 수밖에 없을 것입니다. 하나님 앞에 서면 자랑할 것도 없고, 자기 뜻도 없으며, 자기 생각도 없게 됩니다. 모래알같이 작은 내가 얼마나 훌륭해서 내 생각이 있겠습니까. 그리고 하나님이 원하시는 것이 무엇인지 구하게 됩니다. 우리는 어떤 일을 추진할 때 하나님의 뜻을 구하고, 어떻게 하나님께 가까이 갈지를 생각해야 합니다.

겸손의 반대는 "교만"으로 이는 내 앞에 하나님이 없다고 생각하고 살아가는 것입니다. 자신이 자기의 주인이 되어 자기 생각, 자기 마음대로 행하고 가르치는 것입니다. 우리는 예수님에 대한 말을 입에 담고 있더라도 얼마든지 교만할 수 있습니다. 사실 예수님을 믿어도 교만한 자가 너무나 많습니다. 이런 현상이 나타나는 이유는 하나님을 인격적으로 만나지 못했기 때문입니다. 겸손은 하나님 앞에 서는 것이고, 그러면 하나님이 두려워서 낮은 자세로 그리고 감사함으로 최선을 다해야 합니다. 겸손한 자가 많은 교회는 하나님의 통제 아래 있기에 모든 것이 은혜롭게 진행됩니다. 하나님은 그 모습을 기뻐하실 것입니다. 누구든지 하나님이 힘을 주시지 않으면 아무것도 할 수 없다는 것을 명심해야 합니다.

그다음은 "온유로 하고"입니다. 온유는 겸손처럼 하나님 앞에 있는 자의 자세를 말하는 것으로, 매사에 부드럽고 선한 마음을 갖는 것입니다. 온유한 자는 하나님의 통제를 받는 사람입니다. 그러므로 원한이나 복수의 마음이 없고, 흥분하거나 조급한 모습이 없습니다. 그리고 신중하고 포용하는 마음이 나타납니다. 그리고 자신의 권리를 주장하지 않습니다(파인들리). 이런 마음은 하나님 앞에 있을 때 가능합니다. 우리 스스로 온유하게 될 수 있는 것이 아닙니다. 내가 하려고 하면 내 태도가 강해지고 거칠어집니다. 생활전선에서 고난 가운데 살면 그 고난을 이기기 위해 싸우다보니 마음이 강퍅해지고 거칠어지는 경우가 많습니다. 이는 온유함과는 반대됩니다. 하나님이 살아계시고, 그 하나님이 나를 인도하시고 보호하시며 힘을 주시고, 나의 적을 막아주시는 것을 알면 안심이 되고 부드러워집니다. 내가 싸울 필요가 없기 때문입니다. 성도들은 거칠어지고 악을 행하면서까지 행동할 필요가 없습니다. 주님께 맡기기만 하면 되므로 저절로 부드러워질 수 있습니다. 온유한 사람은 또한 다른 사람도 잘 이해할 수 있게 됩니다. 하나님이 그 사람에게도 역사하실 것을 믿기 때문입니다.

삶 속에서 문제에 부딪히면 자신이 해결하려고 하는 사람이 많습니다. 주의 일을 할 때 기도하는 이유는 어떤 중요한 일이 있을 때 그것이 좋은 일이든 나쁜 일이든 자신이 하려 하지 않고 하나님께 맡기기 위함입니다. 자신이 하려 하면 사람의 생각과 능력에는 한계가 있으므로 열매도 없고 일만 더 어그러지는 경우가 많습니다. 주님께 맡기는 것이 하나님의 사람이 가져야 할 바른 자세입니다. 개인과 가정, 교회와 나라의 일도 마찬가지입니다.

그다음으로 "오래 참음으로" 해야 합니다. 이것은 다른 사람과의 관계에서 나타나는 것으로 다른 사람이 내게 잘못했을 때 그를 해하지 않고, 또한 은혜를 저버릴 때에도 노하지 않으며 덕행을 계속하는 것입니다(박윤선). 성도가 주의 일을 하는 중에도 힘이 들어 오래 하기 힘들 때가 있습니다. 좋은 일을 하다가도 사람의 비판 한 마디에 낙심하기도 합니다. 마음이 약한 경우 더 그런 상황이 많이 벌어집니다. 우리가 하나님의 일을 할 때 가족이 더 비판적인 경우가 많습니다. 오래 참음이 필요하다는 것은 주님을 믿을 때나 하나님의 일을 할 때 공격이 있기 때문입니다. 그러면 정말 힘이 빠지고 열정이 식습니다. 그럼에도 낙심하지 말고 오래 참으라는 것입니다.

그런데 이 말에는 참아야 하는 기간이 정해져 있지 않고 단순히 "오래"라고만 되어 있습니다. 이것은 이 기간이 몇 달이 될지, 몇 년이 될지 모른다는 것입니다. 하지만 사랑의 주님은 모든 것을 다 아시므로 무작정 길게 끌지는 않으실 것입니다. 무작정 참고 살기만 하도록 내버려두신다면 결국 주님이 능력 없는 분이 되기 때문입니다. 어떤 문제가 있어도 주님을 바라보면서 참고 오래 기다리면 해결되는 날이 옵니다. 오래 참는 것도 하나님 앞에 있을 때 가능합니다.

그리고 "사랑 가운데서 서로 용납"해야 합니다. 성도는 상대의 과실과 단점을 너그러운 마음으로 받아주어야 합니다. 그리고 용납은 서로 하는 것입니다. 결코 비통함이나 보복하고 싶은 감정이 없는 것입니다(바클레이). 어떤 문제가 발생했을 때 한 쪽만 전적으로 잘못한 경우는 많지 않습니다. 크고 작음은 있지만 양쪽 다 과실이 있습니다. 또한 누가 먼저 용서해야 하는 것도 아닙니다. 높고 낮은 직책이 중요하지 않습니다. 일방적으로 양보하거나 굽히고 숙이는 것은 좋은 모양이 아닙니다. 겸손이 없이는 온유나 오래 참음 또 용서가 있을 수 없으며, 이 모든 것 없이는 일치란 있을 수 없습니다(매튜 헨리).

3절에서 "힘써 지키라"고 합니다. 성도에게는 소중한 것을 지킬 힘이 있습니다. 바울이 이 말을 했을 때에는 지킬 것이 있다는 것이고, 이미 주셨다는 것입니다. 그 주신 것은 무엇입니까. 하나님은 성도에게 "평안의 매는 줄로 성령이 하나 되게" 하셨다는 것입니다. 이것은 "매는 줄과 같은 평화"를 뜻합니다. 사랑으로 함께 묶인 사람들은 모든 어려움을 가볍게 참아냅니다. 이 영적인 관계는 육적인 어떤 관계보다 고상합니다. 그리고 완전합니다(크리소스톰). 마귀들이 매는 줄이 있고 성령이 매는 줄이 있습니다. 마귀도 큰 세력은 크게 묶고 작은 세력은 작게 묶습니다. 성령도 크게 역사하시기도 하고 조금 역사하시기도 합니다. 성령은 큰 줄로 교회 공동체를 묶으시고, 마귀가 그 줄을 끊으려고 공격합니다. 그 공격은 사람에게 역사합니다. 그러므로 공동체를 깨는 세력은 외부에도 있고 내부에도 있습니다. 교회 공동체는 항상 기도하면서 하나 됨을 지켜나가야 합니다. 그것은 그 끈이 평안의 끈이기 때문입니다. 평안과 평강은 주님이 원하시는 성도의 삶의 상태입니다. 마귀가 그 줄을 끊으려는 것을 방관하지 말고 교회를 위해 함께 기도하면서 나아갈 때 마귀는 떠나고 성령의 줄은 더욱 견고해져 마귀가 절대 끊을 수 없는 줄이 됩니다. 우리가 기도할 때 성령은 강하고 견고한 줄을 보내주십니다. 우리가 날마다 주님의 몸 된 교회를 위해 기도하고, 강력한 성령의 줄로 교회가 묶여 평안할 때 강한 능력을 온 세계에 펼치는 교회가 되는 것입니다.

하나님은 한 분이시다

"몸이 하나요 성령도 한 분이시니 이와 같이 너희가 부르심의 한 소망 안에서 부르심을 받았느니라 주도 한 분이시요 믿음도 하나요 세례도 하나요 하나님도 한 분이시니 곧 만유의 아버지시라 만유 위에 계시고 만유를 통일하시고 만유 가운데 계시도다"(4:4-6).

4절은 "몸이 하나요 성령도 한 분이시니"라고 말씀합니다. 구원 역사에서 성령의 역할을 강조하는 것입니다. 민족이 달라도, 성별이 달라도, 태어나 살아간 시대가 달라도 거듭난 사람은 다 주님 안에서 하나입니다.

"몸"에 대해 생각해보면, 우리 몸에는 각 지체가 있습니다. 각 지체는 하나로 이어져 있고 같은 피가 흐릅니다. 모든 영양분이 입을 통해 들어와 온 몸으로 골고루 나누어집니다. 팔에 있던 피가 심장으로 갔다가 다시 다리로도 가고, 머리로도 가는 등 온 몸을 돕니다. 이와 같이 성령이 모든 사람에게 역사하시기에 성도 한 사람 한 사람이 다 교회의 지체인 것입니다. 만일 교회 성도가 500명이라면 500개의 지체가 모여 한 몸을 이루고 있다고 볼 수 있습니다. 그리스도 안에서 누구는 머리카락, 누구는 뇌, 누구는 팔 등 각각 자신의 역할을 하는 것입니다. 교회로 비유하자면 어떤 사람은 마이크, 어떤 사람은 피아노, 어떤 사람은 안내판, 어떤 사람은 의자, 어떤 사람은 기둥 등 저마다 교회의 역할을 하는 것입니다. 그런데 우리를 부르신 이는 한 분 하나님입니다.

하나님은 성도를 부르실 때 각기 다른 역할을 주셨습니다. 물론 교회가 작으면 한 사람이 여러 역할을 할 수도 있습니다. 그러다 보면 자신에게 맞지 않는 역할을 할 수도 있지만, 만일 더 성장하고 영적인 교회가 되면 하나님이 맡기신 역할대로 봉사하도록 성도들을 잘 지도해야 합니다. 창문 역할을 해야 할 사람은 창문 유리가 깨지거나 어긋나지 않고 잘 여닫아지도록 해야 합니다. 의자 역할인 사람은 더럽거나 부서진 의자로 살고 있지는 않은지 자신을 살펴야 합니다.

예수 그리스도를 진실로 믿고 하나님이 "부르신" 사람들이 에베소 교회에 모여 각 지체가 되었으므로 각자 역할을 잘 감당해야 합니다. 그런데 구성원 중 누군가가 자신의 역할을 잘 하지 못한다면 온 몸이 장애를 입게 됩니다. 팔의 역할을 잘 감당하지 못하면 팔을 다쳐 붕대를 감고 있는 모습과 같습니다. 그러면 온전하지 못한 불구의 교회가 되는 것입니다. 교회 전체가 장애를 앓게 되는 것입니다. 성도의 연합체가 바로 교회입니다. 그래서 함께 신앙생활을 하는 성도들을 외면할 수 없습니다. 어느 시대나 교회는 날마다 몸살을 앓고 있습니다. 성도들이 많을수록 더 악한 영이 공격하므로 넘어지고 시험에 드는 사람들이 있기 때문입니다.

그러므로 성도들은 각기 필요한 만큼 나누어 받으며, 모든 지체는 각기 다른 필요와 목적에 따라 그 자리에 있으므로 모든 지체는 동등하게 존귀합니다(크리소스톰).

그러므로 우리 스스로 몸 관리를 잘 해야 합니다. 내가 속한 공동체를 위해서라도 내 믿음, 내 신앙을 지키려고 노력해야 합니다. 평소에 조심성이 있는 사람이 있고 그렇지 않은 사람도 있습니다. 자기 몸을 잘 관리하는 것이 프로의 자세입니다. 가수나 운동선수처럼 특히 몸이 재산인 사람은 관리를 더 잘 해야 합니다. 성도들도 신앙을 잘 관리해야 하는 것은 마찬가지입니다. 세상을 사랑하는지, 마귀의 공격은 없는지, 기도생활을 잘 하고 있는지 항상 점검해야 합니다. 교회에 상처받은 사람만 가득하면 그 교회는 역할을 감당하지 못합니다. 어쩌다가 넘어질 수도 있지만, 치료도 잘 되지 않는데다 매일 넘어지고 고통을 당한다면 전투력이 상실되고 교회는 부상 병동밖에 되지 못하는 것입니다.

"성령도 한 분이시니." 하나님 중 한 분이신 성령이 성도들을 부르시고 성도 속에 역사하십니다. 성령은 계시지 않은 곳이 없습니다. 햇빛이 온 세상에 비치듯 성령이 내려오시고, 햇빛이 없는 어두운 곳까지도 성령은 계십니다. 중요한 원리가 있습니다. 성령은 성도의 몸 안에도 계시는데, 우리가 죄를 짓는 만큼 몸에서 역사하지 못하고 나가십니다. 성령 충만해지는 것이 소원인데 그렇지 못한 것은 억울한 일입니다. 성령은 성도의 몸에 들어가 역사하기를 원하십니다. 성령은 공기같으면서도 에너지가 있으십니다. 성령의 본체가 있고 거기서 문어발처럼, 불의 혀처럼 모든 사람에게 닿아 있어 결국 모든 성도는 하나의 성령께 연결되어 있는 것입니다. 성도는 한 몸의 각 지체이고 성령도 한 분이십니다. 그리고 헬라어로 성령에는 "숨"이라는 뜻도 있습니다. 숨, 즉 호흡이 없다면 몸은 죽게 됩니다(바클레이).

"한 소망 안에서." 우리는 부르심을 받았는데, 성도는 한 소망 안에서 부름을 받았습니다. 우리가 가진 참된 소망은 하늘나라입니다. 하늘에서 모든 성도는 한 남편인 예수님의 신부로 사는 것입니다. 이것이 모든 성도의 소망이어야 합니다. 모든 성도가 갈 곳, 최종 목적지는 천국입니다. 하나님이 계신 보좌 앞이 성도가 소원하는 목적지입니다. 이렇게 온전한 신앙을 가진 성도에게는 한 소망이 있습니다. 이를 위해 부르심을 받은 것입니다. 우리는 신부로 부름을 받은 것이지 들러리나 시녀로 부름을 받은 것이 아닙니다. 하나님은 우리가 "예수 그리스도가 우리 주님이십니다"고 고백하는 날을 기다리십니다. 모두가 거룩한 목표를 가지고 살아야 합니다.

5절에서 "주도 한 분이시이요 믿음도 하나요 세례도 하나요"라고 했습니다. 바울은 하나인 것을 계속 강조합니다. 앞 절에서는 성령 하나님에 대해 이야기했고, 여기서 "주"는 예수님을 가리킵니다.

우리의 신랑은 오직 한 분, 바로 예수 그리스도이십니다. 이것을 어떻게 이해할 수 있을까요. 성경을 보면 솔로몬에게는 아내가 천 명 넘게 있었는데, 그들은 왕궁의 방에서 혹은 다른 곳에서 각각 거주했지만 그 여인들의 신랑은 오직 한 사람 솔로몬이었습니다. 오늘날 수많은 성도의 신랑은 예수님뿐입니다. 그러므로 "믿음도 하나요"에서 믿음은 주님이 우리를 당신의 신부로 부르셨기에 하늘을 바라보며 하나님 중심으로 살라고 말씀하신 그대로 사는 것이 믿음입니다. 만약 우리를 부르지 않으셨다면 우리는 믿을 수도 없습니다.

"세례도 하나요"라고 하는데 예수님은 세례를 베풀지 않으셨습니다. 하지만 예수님이 십자가에서 죽으시고 살아나심으로 세례의 원형을 보여주셨습니다(눅 12:50). 죽었다가 다시 사는 것이 세례입니다. 요한의 세례는 죄의 씻음일 뿐이고, 예수님의 세례가 바로 죽었다가 다시 산 진정한 세례인 것입니다. 이스라엘 백성이 홍해를 건널 때 세례를 받았다고 하는 것은(고전 10:2) 홍해에 빠져 죽을 것을 하나님이 살리신 것이므로 세례라고 한 것입니다. 세례는 단순히 죄를 씻는 것이 아닙니다.

어떤 사람은 능력 있는 목사님에게 세례를 다시 받고 싶어 하는데, 세례는 예수님의 이름으로 받는 것이므로 어떤 목사님에게 받았더라도 같은 것입니다. 교회사를 보면 다시 세례받을 것을 주장하는 재세례파가 나옵니다. 재세례가 필요하다고 말하는 이유는 성도들의 믿음이 흐려졌기 때문입니다. 우리는 그들의 순수성을 인정합니다. 그러나 우리가 믿음으로 세례를 받았다면 예수님 안에서 한 번의 세례로 족합니다.

그러나 성도는 세례를 통해 예수로 인해 죽었다가 다시 살았다는 믿음과 체험이 필요합니다. 어떤 체험이 필요할까요? 우리의 죄 때문에 예수님이 죽으셨으므로 우리도 죄를 심각하게 생각하고 우리가 죄 때문에 죽었다고 믿어야 합니다. 그리고 철저히 회개해야 합니다. 그래야 그리스도와 함께 다시 살게 됩니다. 그러므로 영적인 부활을 통해 세례를 경험할 수 있는 것입니다.

6절에서 말한 대로 "만유의 아버지"는 성부이십니다. 4절에서는 성령을, 5절에서는 성자를, 6절에서는 성부를 이야기합니다. 하나님도 하나이십니다. 우리가 섬기는 하나님이 각각 다르다면 우리의 행복도 각각 다를 것입니다(박윤선). "만유의 아버지시라." 여기에서 말하는 만유는 눈에 보이고, 또 보이지 않는 모든 것을 말합니다. 좁게 본다면 구원받은 성도들을 가리킵니다. 천사도 하나님의 손에 있고, 우주 만물도 하나님 손에 있습니다. 하나님은 "만유 위에 계시고" 또한 "만유를 통일하시고"라고 말합니다. 통일한다는 것은 하나님이 다 아시고 관리하시며, 불러 모아 손에 다 쥐고 계신다는 것입니다. 그래서 "만유 가운데 계시도다"라고 말할 수 있는 것입니다. 그분이 계시지 않은 곳은 없습니다. 모든 곳에 존재하십니다. 그렇다면 하나님이 지옥에도 계실까요? 하나님이 지옥을 만드셨으니 그 안에 얼마든지 들어가실 수 있지만, 지금 그곳을 마귀에게 맡기셨습니다. 그래서 지옥 안에 계시지 않지만, 그곳을 천사를 시켜 지키고 관리하고 계십니다. 그래서 마귀가 지옥에서 쏟아져 나오지 못하는 것입니다. 마지막 때 마귀는 지옥에서 나오지만 지금은 아닙니다. 이 세상에 그 어떤 것도 하나님 손에 들어오지 않는 것이 없습니다. 이 땅에서 일어나는 모든 태풍과 지진을 비롯한 자연재해도 다 하나님의 손에서 이루어집니다.

하나님은 정말 크신 분입니다. 어리석은 사람은 그 큰 하나님이 성령으로 우리를 채우시는 것이 너무 쉬운 일인 것을 모릅니다. 우리 몸속의 세포 하나하나까지 다 성령으로 채워주셔도 그것은 큰 바다에서 물 한 바가지 퍼서 붓는 것과 같이 작은 일입니다. 하나님은 지금도 우리에게 은혜를 주기 원하십니다. 하나님은 우리에게 은혜를 주셔서 우리가 하나님의 보좌 앞으로 나아오게 하려고 하십니다. 하나님께 면류관을 벗어드리며 하나님을 경배하는 자리에 오라고 초청하십니다(계 4:10). 비싼 공연표를 선물로 받으면 흥분하지 않을 사람이 없습니다. 우리는 하나님께 제일 멋진 하늘나라 콘서트의 초청장을 받은 사람들입니다.

어떤 신랑이 이런 귀한 곳을 사랑하는 신부를 버려두고 혼자 가려고 하겠습니까? 아빌라의 테레사는 성도와 하나님의 관계를 여러 단계로 말합니다. 우리나라의 많은 성도가 신랑 되신 예수님을 이제 간신히 소개받고 사랑의 맛만 조금 보다가 죽는 단계에 있는 것은 아닌지 모르겠습니다. 혹 그보다 나으면 약혼 단계일지도 모릅니다. 우리는 주님을 신랑으로 맞이하여 깊은 결혼생활을 하다가 하늘에 가야 합니다. 예수 그리스도의 충만한 은혜를 받고 날마다 체험하는 삶을 살면 좋겠습니다. 모든 성도는 이 땅에서도 신혼의 단꿈을 꾸며 살 수 있습니다.

선물의 분량대로

"우리 각 사람에게 그리스도의 선물의 분량대로 은혜를 주셨나니 그러므로 이르기를 그가 위로 올라가실 때에 사로잡혔던 자들을 사로잡으시고 사람들에게 선물을 주셨다 하였도다 올라가셨다 하였은즉 땅 아래 낮은 곳으로 내리셨던 것이 아니면 무엇이냐 내리셨던 그가 곧 모든 하늘 위에 오르신 자니 이는 만물을 충만하게 하려 하심이라 그가 어떤 사람은 사도로, 어떤 사람은 선지자로, 어떤 사람은 복음 전하는 자로, 어떤 사람은 목사와 교사로 삼으셨으니 이는 성도를 온전하게 하여 봉사의 일을 하게 하며 그리스도의 몸을 세우려 하심이라"(4:7-12).

7절에서 말씀한 대로 하나님은 우리 "각 사람에게" 은혜를 주시는데, 그리스도의 "선물의 분량대로" 은혜를 주셨습니다. 하나님이 주신 은혜의 분량이 사람마다 각기 다릅니다. 똑같이 10년 동안 신앙생활을 했더라도 사람마다 다른 "분량"의 은혜를 받습니다. 그 내용과 분량이 다른 것은 하나님이 그렇게 하시는 것이므로 누구도 원망할 수 없습니다. 어느 성도를 볼 때 신앙이 기대만큼 성장하지 못한 것은 그 사람의 분량이 그 정도이기 때문인 경우가 많습니다. 주신 분량이 그 정도인 것을 인정해야 합니다. 신앙생활을 10년, 20년을 했는데도 여전히 믿음이 굳건히 서지 못해 교회에서 봉사나 헌신을 하지 않는 사람이 있습니다. 어떤 사람은 예배에 참석할 때마다 갈증이 났을 때 물 한 컵을 가득 마신 듯 시원하게 큰 은혜를 받는데, 어떤 사람은 물 한 방울을 혀에 적신 듯 작은 은혜를 받는 사람도 있습니다. 여러 가지 원인이 있을 수 있습니다. 그에게 여러 고민거리가 있을 수도 있고, 사탄이 방해를 할 수도 있습니다. 그러나 더 근본적인 이유는 주님이 그 사람의 분량을 그렇게 정하셨기 때문에 그만큼 은혜를 받는 것입니다. 그래서 교회 지도자가 성도들을 다그치고 억지로 끌고 갈 필요가 없습니다. 그래서 "분량대로"라는 말씀이 무서운 것입니다(참조. 롬 12:3, 고후 10:13, 15, 엡 4:13, 16).

그렇다고 은혜를 받지 못하는 사람을 방치하자는 것이 아닙니다. 그 사람의 분량이 어느 정도까지인지 주변에서 쉽게 알 수 없기 때문에 기도하고 권면하면서 기다려주는 것입니다. 주님이 계획하신 분량이 있다면 언젠가는 성장하고 큰 은혜를 받을 날이 올 것을 기대하면서 지켜보는 것입니다. 그 모든 일의 주권은 하나님께 있습니다. 그래서 성도들을 함부로 비판할 수 없습니다. 물론 이것은 절망의 말씀이 될 수도 있습니다. 자신이 하나님께 적은 분량을 받았다고 생각되는 당사자에게는 그 말이 실망스럽고 슬플 것입니다. 만일 내가 주님께 잘 나아가고 있다면 그것이 나의 분량이고, 반대로 내가 잘 성장하지 못하고 있다면 그것도 나의 분량입니다. 그러므로 하나님이 그 정도의 분량으로 나를 이 땅에 보내신 것을 생각하면 절망이 될 수도 있지만 그것이 사실이므로 인정해야 합니다. 분량을 주신 것은 축복이면서 상처가 될 수도 있습니다.

"그가 위로 올라가실 때에"라는 8절 말씀에서 바울은 시편 68편 18절을 인용합니다. 이 말은 주님이 이 땅에 오셨다가 죽으시고 부활하신 후 승천하신 것을 말합니다. "사로잡으시고"라는 말씀은 사탄을 사로잡았다는 뜻이고, 사탄을 이겼다는 뜻입니다. 즉, 이전에 우리를 사로잡았던 모든 영적인 적을 사로잡은 것입니다(매튜 헨리). 주님이 부활하시고 사탄을 이기신 후 하늘에 오르시고 하신 일은 사람들에게 선물을 주신 것입니다. 하늘에 계셨던 주님이 어린아이로 이 땅에 오셔서 자기 백성에게 은혜를 주셨는데, 다시 하늘에 올라가신 것도 택한 백성에게 은혜를 주시기 위함입니다. 이 은혜는 만물을 충만하게 하시는 것입니다. 이 만물은 천국과 지옥의 영적 세계를 포함하여 이 땅과 우주 만물 등 모든 것을 가리킵니다.

바울은 9절을 통해 예수님의 탄생과 부활을 다시 한 번 강조합니다. "올라가셨다"는 것은 곧 이 땅으로 내려오신 일이 있으므로 올라가셨다는 뜻입니다. 예수 그리스도의 탄생과 승천이 이미 구약 시대에 다윗의 입을 통해 예언된 이야기인 것을 확인해줍니다.

10절은 한 번 더 예수님의 탄생과 승천을 이야기하면서 굳이 이렇게 하신 이유가 무엇인지를 말합니다. 그 이유는 "만물을 충만하게 하려"는 것입니다. 이것을 이루시기 위해 탄생과 죽음과 부활과 승천의 전 과정이 나타났습니다. 주님이 이 땅에서 영광의 자리로 가심으로 육신의 제약에서 벗어나셨고, 그로 인하여 성령이 온 세상 어디서나 역사하십니다. 주님이 이 땅을 떠나신 것은 세상을 버리신 것이 아니라 더 충만하게 하시려는 것입니다(바클레이).

11절은 만물이 충만하게 되려면 어떤 일이 있어야 하는지를 보여줍니다. 하나님은 축복의 인물을 세우시고 그들의 사역을 통해 만물을 충만하게 하시려는 것입니다. 먼저 성도가 충만해지고 그다음으로 교회가 충만해져야 합니다. 이 과정이 순조롭게 잘 되어야 그 이후 이방까지 그리고 온 세상이 하나님의 은혜로 충만해집니다. 먼저 성도를 충만하게 하고 교회를 충만하게 하기 위해서는 일할 수 있는 일꾼이 필요합니다. 여러 직책이 등장하는데, 여기에 나오는 직분 중 사도가 가장 중요한 직책입니다.

"어떤 사람은 사도로." 열두 사도는 주님이 계실 때에도 그리고 죽는 순간까지도 귀한 자들입니다. 그들은 천국에서도 존경을 받는, 그 수가 정해진 자들입니다. 교회의 전 역사를 통틀어 그리고 오늘날 누군가가 아무리 위대한 사람이라 할지라도 자신을 사도라고 할 수 없습니다. 우리나라의 어느 대형교회 목사님을 가리켜 일부 미국 사람들이 사도라고 부르는데, 이 시대에 사도가 있을 수는 없습니다. 요한계시록을 보면 천국에서 열두 사도만 나오므로 누구도 사도로 추가되지 못합니다. 사도는 주님이 직접 부르시고 주님께 가르침을 받아야만 합니다. 그것이 사도의 자격입니다. 그래서 그들이 신약교회의 기초가 되고 천국의 기초가 됩니다. 물론 오늘날 예수님이 직접 세우신 사도만큼 능력을 소유한 사람이 있을 수 있지만, 그럼에도 그것은 사도적 능력을 소유했다고 할 수는 있어도 사도라고 할 수 없습니다. 바울은 주님이 이방인의 사도로 직접 부르셨기에 사도로 인정할 수 있습니다. 성경이 이것을 인정합니다. 사실 디모데나 실라도 사도적인 능력이 있지만 사도직에 대한 대전제가 있고 그 기준을 넘지 못하므로 사도라고 할 수 없습니다.

"어떤 사람은 선지자로." 선지자는 주님 음성을 듣는 사람으로 구약 시대에 선지자가 많았고, 예수님 당시에도 선지자가 있었습니다. 주님의 음성을 듣고 미래에 대해 이야기하는 사람은 선견자라고도 했습니다. 이런 사람은 하나님을 만난 영적인 사람들입니다. 그러나 초대교회 시절에 선지자 역할을 수행하던 사람들이 문제를 일으키기도 했습니다. 자신들의 직분을 이용하여 과도한 대접을 받기도 했습니다. 그래서 점차 이 직분은 사라집니다. 어느 시대에나 선지자는 있습니다. 사실 우리 주변에도 주님의 음성을 듣는 사람이 많이 있습니다. 그럼에도 그들을 선지자라고 하지 않습니다. 예수님 당시에는 목사라는 직책이 없었지만 이후 각 지역을 담당하는 목회자가 세워졌고, 이 시대에는 교회에서 세운 직책이 있으므로 조직 속에서 인정된 직분자로서 사역하는 것이 좋습니다. 지금은 선지자 제도가 없으므로 선지자라고 호칭하는 것은 삼가는 것이 좋습니다. 신령한 사람이 있을 때 선지자적 능력과 은사를 가진 사람으로 보아야 합니다.

"어떤 사람은 복음 전하는 자로." 복음 전하는 자는 단순히 전도하는 사람을 말하는 것이 아닙니다. 당시 집을 떠나서 여러 지역을 방문하며 복음을 전하는 사람들을 말합니다. 즉 선교사적인 개념입니다. 당시에는 이런 순회 전도자를 집에 모셔서 머물게 하며 회당에서 말씀을 전하실 수 있도록 돕는 사람들이 많았습니다. 곳곳에 회당이 있었지만 예수 그리스도의 복음을 전해줄 사람이 많이 부족했기 때문입니다. 그래서 당시에는 필요했던 직분이었습니다.

"어떤 사람은 목사와 교사로." 여기 나오는 목사는 오늘날의 목사와 같습니다. 교사는 단순한 주일학교 교사가 아닌 교육 지도자를 말합니다. 그들은 성도들의 신앙생활을 지도하고 바른 길을 가르치는 일을 했습니다. 어느 시대나 교회 안에는 훌륭한 목사와 교사가 필요합니다. 디모데가 최초의 목사가 된 것처럼 훌륭한 사람을 세워야 합니다. 이런 모든 직분은 하나님이 세우시고 필요한 능력과 은사도 베풀어주십니다. 그들은 목양과 가르침에서 특별한 은사를 받아야 합니다. 자기가 하고 싶다고 자기 마음대로 직분을 고를 수는 없습니다. 주님께 부름 받은 확실한 증거가 있더라도, 공적으로 교회가 인정하고 세우는 절차가 필요합니다. 이와 같이 모든 사람이 받은 은혜와 은사가 다 다릅니다. 각 사람에게 주시는 은혜가 다르다 보니 어떤 사람을 이상형으로 삼고 닮으려 할 수 있지만, 그렇다고 완전히 같아질 수 없습니다. 그러므로 직책을 맡은 자는 서로 존중하고 귀하게 여기며 높여주어야 합니다. 다른 직분이나 직분자를 업신여기거나 비판한다면 교회는 무너집니다.

12절에서는 하나님이 성도에게 왜 은사를 주셨는지, 왜 여러 직분으로 부르셨는지에 대해 나옵니다. 그 각각은 직분이면서 동시에 은사입니다. 이것을 왜 허락하셨을까요? 바로 “성도를 온전하게 하려”고 하신 것입니다. 바울이 사용한 헬라어에는 외과 의사들이 수족의 골절을 다시 맞추고 어긋난 관절을 제자리에 꿰어 맞춘다는 뜻이 있습니다(바클레이). 신약성경에서는 그물을 깁는 데 사용되었습니다(막 1:19). 하나님이 우리에게 주신 은사는 우리 자신뿐 아니라 다른 사람도 온전하게 해야 합니다. 그리스도의 몸 된 교회와 성도를 세우는 일을 하게 하려고 그 은사를 주신 것이지 우리 자신의 유익이나 자랑거리로 준 것이 아닙니다.

“봉사의 일을 하게 하며.” 성도가 온전해지면 이제 주의 나라를 위해 헌신할 마음이 생깁니다. 봉사도 중요합니다. 교회에서 직분을 맡은 사람은 교회의 큰 일꾼이 되어 일을 가장 많이 하는 사람이 되어야 합니다. 우리가 직분을 맡는다는 것은 일을 하려고 맡는 것인데, 만일 일을 하지 않는다면 그것은 자신과 하나님을 속이는 것입니다. 성도들은 교회 안에서 다른 성도를 볼 때, 자신을 섬겨주는 사람이 아니라 자신이 섬길 대상으로 보아야 합니다. 은사를 받으면 받을수록 주님의 몸 된 교회를 섬기는 것을 감사하는 마음으로 일해야 합니다. 그러므로 남을 돕기는커녕 자기 믿음 하나 간수하기도 힘든, 믿음이 적은 사람은 참으로 안타까운 일입니다. 성도는 자신이 받은 은사를 사용해 최선을 다해 섬기다 하늘나라에 가야 합니다. 이렇게 성도가 온전해지고 봉사의 일을 한다면 그리스도의 몸이 세워질 것입니다. 직분자의 목표는 자신의 이익이 아니라 오직 "그리스도의 몸"인 교회의 유익을 목표로 두어야 합니다. 내 안에 있는 교회, 건물로 있는 교회 모두가 그리스도의 몸이고 하나님이 계시는 성전입니다.

그에게까지 자라라

"우리가 다 하나님의 아들을 믿는 것과 아는 일에 하나가 되어 온전한 사람을 이루어 그리스도의 장성한 분량이 충만한 데까지 이르리니 이는 우리가 이제부터 어린 아이가 되지 아니하여 사람의 속임수와 간사한 유혹에 빠져 온갖 교훈의 풍조에 밀려 요동하지 않게 하려 함이라 오직 사랑 안에서 참된 것을 하여 범사에 그에게까지 자랄지라 그는 머리니 곧 그리스도라 그에게서 온 몸이 각 마디를 통하여 도움을 받음으로 연결되고 결합되어 각 지체의 분량대로 역사하여 그 몸을 자라게 하며 사랑 안에서 스스로 세우느니라"(4:13-16).

13절에서 바울은 성도의 목표를 다시 한 번 가르쳐줍니다. 바울은 에베소 교회에 성도는 성령이 하나 되게 하셨으니(4:3) 이를 힘써 지키고, 또한 하나님도 하나이시라고 강조합니다(4:6). 그리고 "하나가 되자"고 또다시 권면합니다. 무엇 때문에 하나가 되어야 합니까? 이 세상에서 하나가 되자고 할 때는 그 목표와 내용이 있습니다.

바울은 "하나님의 아들을 믿는 것과 아는 일에" 하나가 되자고 했습니다. 예수님을 하나님의 아들이라고 한 것도 의미가 있습니다. 바울은 누구보다 성부 하나님과 성자 예수님에 대해 많이 아는 사람인데 성도들에게 성자 예수님을 믿고 아는 데 하나가 되자고 한 것은 자신이 아는 지식을 모두 알려주겠다는 의미입니다. 또 에베소 교회 성도들끼리도 다 같이 믿고 알아서 그리스도를 중심으로 하나가 되어야 한다고 말하는 것입니다. 누구는 많이 알고 누구는 적게 알아 하나님의 아들에 대해 이야기를 나눌 때 알아듣지 못하는 사람이 없게 하겠다는 것입니다. 하나님의 아들에 대해 제대로 가르치고 훈련하며 소개해주겠다는 말입니다.

바울은 왜 예수님을 믿고 알아야 한다고 했을까요? 그것은 "온전한 사람을 이루"고자 함이라고 했습니다. 예수님을 알고 믿는 일에 부족하면 온전한 사람이 되지 못한다는 것입니다. 예수님을 믿고 아는 일에 동참하지 못하면 온전한 사람이 되지 못합니다. 결국 성도가 하나 되는 것은 온전한 사람이 되기 위함이라는 것입니다. 이와 같이 완전함에 이르는 과정은 예수를 믿는 것에서 시작됩니다(맥클라렌).

"그리스도의 장성한 분량이 충만한 데까지 이르리니." 모든 성도가 그리스도의 장성한 분량이 충만한 데에 이르는 것이 하나님과 바울 사도가 원하는 신앙인의 목표라는 것입니다. 예수 그리스도 안에는 온 우주가 담겨 있고, 그 손에는 구원받은 모든 사람의 이름이 적힌 생명책이 있습니다. 그분의 능력과 권세는 말로 다 표현하지 못합니다. 주님이 이 땅에 계시면서 자신의 능력과 권세를 보여주셨습니다. 주님은 부활하시고 승천하신 후 더 큰 능력과 권세를 소유하셨습니다. 그런 분의 은혜가 성도에게 충만해지기를 주님은 바라시는 것입니다. 그리고 이것을 이루는 방법은 하나님의 아들을 믿는 것과 아는 것입니다. 어떤 일을 할 때 그 일의 목표를 알고, 그 목표를 이루었을 때의 좋은 점과 이루는 방법을 알아야 그 일을 적극적으로 할 수 있습니다.

우리가 신앙생활을 하는 목표는 이 땅에서 잘사는 것도 아니고 출세하는 것도 아닙니다. 오직 그리스도의 장성한 분량이 자신의 삶에 충만한 데까지 이르는 것입니다. 이렇게 되도록 그리스도가 충만한 은혜를 우리에게 부어주시는 것입니다. 예수님은 제자들이 주님을 닮기 원하셔서 하루 24시간을 함께하시면서 3년 이상을 보내셨습니다. 함께 있어야 은혜받을 시간이 있습니다. 만약 성도들이 일주일에 몇 번 예배에 참석하는 것으로 그 시간을 채우려면 아마 평생이 걸릴 것입니다. 결국 많은 시간을 예수님을 생각하면서 주님께 가까이 가도록 해야 합니다. 신앙의 목표, 교회의 목표는 오직 이 한 가지입니다. 신앙의 목표가 같아야 교회가 분열되지 않습니다. 성도들이 주님을 섬기면서 서로 목표가 다르고, 그것을 이루는 방법 등에서 차이가 나면 교회는 분열될 수밖에 없습니다.

우리는 믿는 대상도 하나이고 목표와 방법도 하나입니다. 어떤 성도들이 중요한 문제를 놓고 기도했는데 서로 응답을 받은 내용이 달라서 분열되는 것을 보았습니다. 서로 가는 길이 다르게 응답이 나왔을 때에는 어떻게 해야 할까요? 믿는 하나님이 서로 다르거나, 잘못 응답을 받았거나 하지 않는다면 하나님이 어떻게 다르게 말씀하실 수 있겠습니까? 한 교회 안에서 가는 길이 다를 수 없습니다. 그래서 바울은 모든 성도가 하나님의 아들을 믿는 것과 아는 일에 하나가 되어야 한다고 했습니다. 장성한 분량에 이르게 되면 믿는 내용이 같아질 것입니다.

14절에서 바울은 장성한 분량이 충만한 자의 온전한 삶에 대해 이야기합니다. 영적으로 어른이 되는 것입니다. 어린아이는 어리석고 잘 속아 넘어갑니다. 세상을 모르기 때문에 잘 속습니다.

어린아이는 "속임수"와 "간사한 유혹"에 잘 빠지고, 도박꾼이나 사기꾼에게도 잘 빠집니다. 세상의 온갖 잘못된 교훈을 받아들여 바로 가지 못하고 "요동칠" 수 있습니다. 이와 같이 성도가 영적으로 어린아이가 되면 진리를 잃어버리고 목표를 잃어버리며 잘 속게 됩니다. 이것을 방지하는 길은 영적으로 장성한 자가 되는 것입니다.

15절에 우리가 장성한 분량에 이르러야 하는 이유가 나옵니다. 바로 "그에게까지 자라야" 하기 때문입니다. 그는 "머리" 되시는 예수 그리스도입니다. 즉, 우리 성도가 예수님처럼 되는 것이 우리 신앙생활의 목표라는 것입니다. 천국에 가는 것도 우리의 목표이지만 더 우선해야 하는 목표가 바로 이 세상에서 살아 있는 동안 그리스도를 닮아가는 것입니다. 그리스도를 닮는다면 천국은 당연히 가는 것입니다. 그리스도처럼 되고 그리스도에게까지 자라는 것이 최우선 목표인 것입니다. 그리스도인의 성장은 주님께 영광이 됩니다(매튜 헨리). 예수님의 거룩하심, 사랑, 능력,

헌신, 충성 등 모든 것을 단순히 아는 것뿐 아니라 누가 보더라도 우리가 예수님을 닮았다는 말을 들을 정도가 되어야 합니다.

우리가 잘 자라려면 주님의 "사랑 안에" 있어야 합니다. 사랑의 꼴을 먹어야 하는 것입니다. 또한 "참된 것"을 해야 합니다. 주님처럼 되려면 삶이 밑받침 되어야 하고 행동이 따라야 합니다. 행함이 없는 믿음은 아무 효력이 없습니다.

16절에서는 우리가 그리스도에게까지 자라는데 "그에게서" 도움을 받는다고 말합니다. 온 몸이 "각 마디를 통하여" 도움을 받습니다. 도움을 받을 때 성도는 서로서로 연결되고 결합되어 하나가 됩니다. 그리고 각 지체는 지체의 "분량대로" 역사합니다. 사람마다 교회마다 분량이 있습니다. 교회로 본다면 간신히 성도들만 복받는 교회, 지역을 위해 일하는 교회, 나라와 세계를 위해 일하는 교회가 있습니다. 교회마다 분량이 있다는 말은 감사하면서도 정말 두렵고 떨리는 말씀입니다. 이는 성도 개개인에게도 마찬가지로 적용되는 말씀입니다. 성도 중에는 간신히 자신을 지키는 사람이 있고, 다른 성도를 도울 수 있는 사람이 있습니다. 주님은 달란트 비유를 말씀해주셨습니다. 한 달란트 받은 사람, 두 달란트 받은 사람, 열 달란트 받은 사람이 있습니다. 내가 하나님 나라를 위해 크게 쓰임을 받고 싶어도 하나님이 그릇이 작다고 쓰시지 않는다면 쓰임받기 어렵습니다. 성도들은 자신의 분량대로 열심히 충성해서 성도도 자라고 교회도 자라야 합니다. "스스로 세워질" 수 있습니다. 여기에는 영적 싸움이 필연적입니다. 내 분량이 어디까지인지 아는 것은 두려운 일입니다.

교회를 위해 기도할 때 중요한 것은 교회에 역사하는 사탄의 세력을 내보내는 것입니다. 그래야 성도들이 은혜를 받고 성장할 수 있으며, 교회의 분량이 커집니다. 하나님이 예정하신 교회의 사명을 훼방 없이 감당해야 합니다. 또한 우리는 비록 인간이고 세상에 살고 있으므로 완벽하게 예수님을 닮기는 어렵지만 그래도 최선을 다해야 합니다. 주님은 날마다 밤새도록 기도하셨습니다. 하늘의 아버지 하나님과 좋은 관계를 가지셨고, 낮에는 성도들을 가르치고 위로하며 고치셨습니다. 어린아이에서 "장성한 분량까지"라는 말씀을 보며 우리는 어느 정도 자랐을까 생각해보아야 합니다. 모든 성도는 개인적으로 장성한 분량까지 자라고 싶은 마음을 소유해야 합니다. 그리고 세월이 많이 흐른 후 성도들에게 인정을 받아야 할 것입니다. 우리의 목표는 "그에게까지 자라는 것", 곧 예수님에게까지 자라는 것입니다.

이방인의 마음 상태

"그러므로 내가 이것을 말하며 주 안에서 증언하노니 이제부터
너희는 이방인이 그 마음의 허망한 것으로 행함 같이 행하지 말라
그들의 총명이 어두워지고 그들 가운데 있는 무지함과 그들의 마음이
굳어짐으로 말미암아 하나님의 생명에서 떠나 있도다 그들이
감각 없는 자가 되어 자신을 방탕에 방임하여 모든 더러운 것을
욕심으로 행하되 오직 너희는 그리스도를 그같이
배우지 아니하였느니라"(4:17-20).

17절은 성도들에게 이방인들이 행하는 "허망한 것"을 행하지 말라고 말씀하며 시작합니다. 하나님은 바울을 통해 이방인은 허망한 대로 행하므로 이방인을 따르지 말라고 말씀하십니다. 그런데 예수님을 믿으면서도 이방인처럼 사는 사람이 많습니다. "이방인"이 허망한 것으로 행하는데, 이는 열매 없는 일로서 특히 우상 숭배를 가리킵니다(박윤선). 이방인은 허망한 것, 즉 가짜 그리스도인 우상을 따라갑니다. 예수 믿는 사람은 예수를 따라가고, 이방인은 우상을 따라가는데, 이방인에서 이제 예수를 믿기로 한 사람들은 우상을 따라 살던 삶에서 돌이켜 예수께로 방향을 틀

어야 한다는 것입니다. 그들은 이제 결코 이방인처럼 살 수 없습니다.

18절에서 말한 대로 우상을 섬기면 "총명이 어두워"집니다. 총명은 하나님을 아는 것입니다. 똑똑한 사람들 가운데 예수님을 믿지 않는 사람들도 있지만, 예수님을 믿으면 더욱 총명한 사람이 됩니다. 하나님을 많이 그리고 깊이 아는 것이 총명의 기준입니다. 세상 지식은 열심히 공부하면 쌓을 수 있습니다. 지식은 노력으로 쌓아지지만 총명의 정점에 서려면 하나님을 알아야 합니다. 그래서 신학은 모든 학문 위에 있습니다.

하나님을 모르면 총명한 것 같지만 깊이가 없고 "무지"하게 됩니다. 하나님을 잘 알지 못한다면 세상을 정확히 보지 못하며, 특히 영적인 세계를 보지 못하므로 자신은 상당한 지식이나 지혜가 있는 듯 말하고 행동하지만 실상 어리석음을 보일 뿐입니다. "영적 무지"는 정말 심각한 일입니다.

또 우상을 섬기므로 "마음이 굳어"집니다. 이 말은 대리석보다도 더 굳은 것을 말하는 것으로, 관절에 돌이 생겨 원활하게 움직이지 못하게 하는 굳은 것을 가리킵니다(바클레이). 이렇게 되면 감각 능력을 상실하게 됩니다. 그래서 하나님이 들어오실 마음의 자리가 없어 하나님이 주시는 생명을 공급받지 못해 "하나님의 생명"에서 떠나게 됩니다. 성도의 마음에는 하나님을 모실 공간이 있어야 합니다. 마음 깊이 하나님을 만나는 거룩한 지성소가 있어야 합니다. 이곳은 하늘의 신령한 것을 담을 그릇입니다. 그런데 우상을 섬기는 사람은 눈에 보이는 것만 따라가기 때문에 그런 것이 없습니다. 그러므로 하나님이 함께하시는 은혜인 생명에서 떠나게 됩니다.

19절은 우상 숭배자에 대해 계속 이야기합니다. 그들은 "감각 없는 자가 되"었습니다. 이것은 영적 감각이 없는 것을 가리킵니다. 하나님이 살아계신 것을 영적으로 깨닫지 못하는 것입니다. 그러므로 하나님 앞에서 두려움이나 부끄러움을 느끼지 못합니다(박윤선).

그다음에는 자연적으로 자기 자신을 "방탕에 방임"하게 됩니다. 우상은 우리에게 진리를 말하지 않습니다. 귀신은 우리에게 좋은 말을 해주지 않습니다. 귀신은 우리에게 절대 기도하라고 하거나 교회에 충성하라고 말하지 않습니다. 우리에게 영적 감각이 없다면 하나님이 행하시는 일을 보아도 깨닫지 못하며, 하나님의 음성을 들을 수 없습니다. 우상을 섬기는 것은 우리가 가야 할 하늘이 아닌 귀신을 보게 하고, 이 땅을 바라보게 합니다.

바울이 살았던 당시 가나안 사람 대부분은 바알과 아세라를 섬겼습니다. 에베소는 아데미를 섬겼습니다. 이런 우상 숭배에는 성적 쾌락도 포함되어 있습니다. 영지주의의 여러 계파 중에도 쾌락주의가 있었습니다. 쾌락과 우상은 연결됩니다. 우상을 섬기면서 밤새 춤추고 성적인 관계를 맺는 것이 이방 종교에 나타나는데, 특히 디오니소스를 믿는 사람들이 그랬습니다. 이것이 바로 거룩을 잃어버린, 육적인 것을 좋아하는 우상 숭배자들의 모습입니다.

"더러운 것을 욕심으로 행한다"는 것은 바로 성적 타락으로 나타나는 추태를 뜻하며, 이것을 아주 집요하게 추구하는 것을 말합니다. 영적인 감각이 없기에 사람이지만 육체가 원하는 대로 짐승처럼 사는 모습입니다.

그래서 바울은 20절에서 "오직 너희는 그리스도를 그같이 배우지 않았다"고 합니다. 성도는 거룩하신 그리스도를 섬기는 자들이므로 결코 이방인처럼 우상 숭배와 음란한 행위 등 더러운 행동을 하지 말라는 것입니다. 주님께 배우고 바울에게 배운 진리대로 살아야 합니다. 믿는 자는 총명, 즉 그리스도를 아는 지식이 있어야 합니다. 하나님을 아는 총명과 지식을 쌓는 것은 다릅니다. 우주와 영적 세계, 인간의 근본에 대해 아는 것은 총명인데, 이것은 하나님께 나아가면 알게 됩니다. 성도는 옛 생활, 즉 우상 숭배와 더러움을 버리고 그리스도에게까지 자라서 최고 수준의 성도가 되어야 합니다. 하나님은 그런 사람을 때가 되면 쓰시고 하늘에서도 귀하게 여기실 것입니다.

새사람을 입으라

"진리가 예수 안에 있는 것 같이 너희가 참으로 그에게서 듣고 또한 그 안에서 가르침을 받았을진대 너희는 유혹의 욕심을 따라 썩어져 가는 구습을 따르는 옛 사람을 벗어 버리고 오직 너희의 심령이 새롭게 되어 하나님을 따라 의와 진리의 거룩함으로 지으심을 받은 새 사람을 입으라"(4:21-24).

바울은 21절에서 성도들이 그동안 바울에게서 듣고 예수님 안에서 가르침을 받았다고 말합니다. 또한 "진리는 예수 안에" 있다고 했습니다. 이 세상의 참된 진리는 예수님 안에 있습니다. 그러므로 진리 가운데 살기 원한다면 예수님께 나아와야 합니다. 어리석은 것은 우상 안에 있고 허망한 것도 우상 안에 있습니다(17절). 우상과 예수 그리스도를 서로 대비하면서 말합니다. 이 허망한 것의 대표가 우상입니다. 또한 물질을 신이라고 하므로 이는 허망합니다. 우상 자체에는 힘이 없지만 그 형상에 악한 영이 많이 붙어 있습니다. 이 우상에 천 번 절하는 사람도 많고, 그 앞에서 기도하는 사람도 많은데 그때 사람들은 눌리는 느낌이나 몸이 뜨는 듯한 영적 에너지를 느낍니다. 이는 우상에 큰 악한 영이 감겨 있어 영적으로 민감한 사람들은 가까이 가면 그것을 느끼기 때문입니다. 그래서 사람들이 우상을 섬기는 맛을 느끼기도 하는데, 그러나 우상을 섬기는 것은 허망한 일입니다. 우상이나 귀신은 우리에게 절대 이익을 주지 않기 때문입니다. 도리어 우리를 어두운 곳으로 끌고 가고 망하게 합니다.

예수님을 믿고 아는 사람은 허망할 수 없습니다. 엉뚱한 길을 가지 않습니다. 영적 원리와 진리를 아는데 어떻게 그런 길을 가겠습니까. 과거에 허망한 우상을 따라 살 때에는 열매도 없이 망했습니다.

"그에게서 듣고." 즉 너희가 참으로 그리스도에 대해 바울이나 지도자들에게 듣고 가르침을 받았기 때문에 달라졌다는 것입니다. 예수님에 대해 예수님 안에서 "가르침"을 받는 것입니다. 바른 규범, 진정한 진리를 그리스도에게 받아서 그리스도의 울타리 안에 거하게 되는 것입니다.

신학은 사람이 만든 것입니다. 신학도 시대가 지날수록 발전해야 합니다. 과거에 깨닫지 못했던 것을 이제 깨달을 수 있습니다. 또한 하나님이 계속 역사하고 계시므로 다양한 체험을 보고 들으며 새로운 연구로 발전된 신학이 나와야 합니다. 그런 분별력과 흡수력이 있어야 하늘나라를 더 잘 알 수 있습니다. 그래서 어떤 한 신학만 주장하는 것은 신앙 성장에 유익하지 않습니다. 위대한 신학자인 사도 바울은 "예수 안에서", 즉 모든 기준과 울타리를 예수라고 이야기합니다. 사람은 예수님 안에서 차이가 좀 날 뿐이지 그것이 울타리나 기준은 될 수 없습니다.

22절에서 바울은 "옛 사람을 벗어 버리라"고 합니다. 허망한 것을 쫓던 모습, 우상을 숭배하던 모습을 벗고 오직 주님을 따라야 합니다. "옛 사람"이란 어떤 사람일까요? 이것은 아담에게서부터 내려오는 죄성을 가진 사람입니다. 회개했다면 옛 사람은 점점 사라집니다. 그래서 이것은 중생하기 전의 사람을 가리키고, 타락한 사람을 말합니다. 또한 "썩어져 가는 구습을 좇는" 사람입니다. 여기서 "썩어져 가는"이라고 하는 것은 현재도 진행되고 있음을 말합니다. 만약 우리가 구습을 따라 계속 간다면 옛날에도 썩었고 앞으로도 계속 썩는다는 것입니다. 이장할 때 부패한 시신을 보면 불쾌해집니다. 오래되어 썩고 곰팡이가 피는 집은 냄새나고 살기 힘듭니다. 이처럼 예수님을 믿지 않고 우상을 섬기는 사람은 이렇게 썩고 냄새가 나 버려야 할 것을 따르는 것입니다. 이렇게 썩는 이유는 그 안에 생명이 없기 때문입니다. 예수님 안에 생명이 있는데, 허망한 우상에는 생명이 없으므로 썩는 것입니다. 이렇게 예수님과 우상이 계속 대비되고 있습니다. 그런데 이런 썩어져가는 길을 선택하게 된 것은 "유혹의 욕심을 따라" 갔기 때문입니다. 진리는 총명으로 받아들이고 허망한 것은 유혹을 받아 받아들입니다. 옛 사람이 행했던 모든 더러운 것을 낡은 옷을 벗어 버리듯 아낌없이 벗어야 합니다. 만일 죄를 극복하지 못한다면 그 죄는 날마다 더 악화되어 결국 그를 파멸시킵니다(매튜 헨리).

23절에서 강권합니다. "너희의 심령이 새롭게 되어." 이제 성도는 이 어두운 데에서 나와 새롭게 되어야 합니다. 특히 성도는 심령이 새롭게 되어야 합니다. 심령은 마음이라고도 할 수 있고, 속사람이라고도 할 수 있으며, 속사람의 마음이라고도 할 수 있는데, 이 심령이 새롭게 되어야 한다는 것입니다. 우리의 심령은 혼과 육체만이 아니라 영, 혼, 육을 포함하는 마음입니다. 영혼을 가리킨다고 하는 것이 더 맞습니다. 정확하게는 속사람이 새로워져야 합니다. 예수님을 깊이 알면 새로워집니다. 사람이 처음 태어날 때는 영혼이 어느 정도 깨끗했지만 세상에 살면서 우상을 섬기며 점점 더러워졌는데, 이제 다시 깨끗해지고 새로워지는 것입니다.

24절에는 "하나님을 따라"라고 하며 새롭게 된 새사람의 성격이 나옵니다. 주님은 우리가 변화되면 어떤 모습이 되는지를 알려주십니다. 즉, 하나님을 닮는 것이 목표이자 우리 신앙이 도달할 지점입니다. 우리의 새사람은 하나님을 닮아갈 때까지 변화되고 새롭게 되어야 합니다. 이렇게 되는 방법은 "의와 진리의 거룩함으로"입니다. "새사람"은 우리가 입어야 하는 사람이며, 성령이 역사하여 새롭게 만들어진 사람입니다. 그래서 의와 진리의 거룩함으로 지으심을 받아야 합니다.

여기서 말하는 "의"는 바른 것, 법을 따라 사는 것을 말하는 것이 아닙니다. 하나님의 말씀과 기준에 맞추어 보았을 때 의롭다는 평가를 받아야 합니다. 사람마다, 교회마다, 나라마다 각각의 사회는 사람들의 합의에 따라 법이 다릅니다. 그러므로 의가 달라질 수 있습니다. 여기서는 하나님이 의의 기준입니다.

그리고 “진리”는 예수님을 말씀하는 것이므로 “진리의 거룩함”은 예수님의 거룩함, 성결함을 말하는 것입니다. 많은 사람이 두 마음을 품어 반은 허망함에, 반은 진리에 발을 담근 채 양다리를 걸치고 있습니다. 성도일지라도 우상을 숭배하던 구습과, 하나님을 섬기려는 새사람이 공존하여 성도를 혼란스럽게 합니다. 아직 구습이 남아 있는 사람은 속히 구습을 정리하고 확실히 결단해야 합니다. 사람들은 대개 이 병에 대한 피상적인 진단을 하고 문제의 본질은 제쳐두며 단지 증상만 완화시키려고 합니다(맥클라렌).

“새 사람을 입으라”에서 새사람이 옷 입듯 입혀진다고 말씀합니다. 주님이 우리의 더러운 옷을 벗기시고 거룩한 세마포 옷을 입혀주셔야 우리는 하나님이 준비하신 천국 잔치에 들어갈 수 있습니다. 예복을 입지 않은 사람은 잔치에서 쫓겨납니다. 예수님을 믿는 사람 중에도 예복을 입지 못한 사람이 있습니다. 그래서 예수님이 이 말씀을 자신들이 하나님의 백성이라고, 믿음의 조상이 아브라함의 자손이라고 생각하며 자부심을 가지고 있던 이스라엘 백성에게 하신 것입니다. 모든 사람이 하나님을 믿던 이스라엘 백성에게도 예복을 입지 못하여 잔치에서 쫓겨날 사람이 있다고 하셨기 때문에, 에베소 교회 성도들 중에는 없을 것이라고 단언할 수 없습니다. 깨끗한 새 옷은 더러운 옷을 벗고 입어야 합니다. 값비싼 예복을 어떻게 더러운 옷 위에 그대로 입겠습니까. 주님도 우리에게 오셔서 새 옷을 입혀주려 하시다가 우리가 아직 구습을 벗지 못해 우리 의복이나 몸에서 썩은 냄새가 난다면 주님은 새 옷을 입히는 것을 중단하실 수밖에 없습니다. 주님이 보실 때 깨끗하지 않으면 새 옷을 입는 것은 유보될 것입니다. 은사와 능력 등 여러 좋은 하늘의 축복은 회개하지 않은 사람에게는 내려올 수 없습니다.

우리는 허망한 것을 버려야 합니다. 더러운 욕심을 버려야 합니다. 이것이 우상 숭배이기 때문입니다. 구습을 버리기 위해 날마다 회개하고 깨끗해지면 예수님 안에 있는 신비한 것들을 체험할 수 있을 것입니다. 우리가 거듭나 새사람을 입으면 이전과 비교할 수 없는 다른 세상을 살게 될 것입니다. 애벌레가 나비가 되어 하늘을 날면 애벌레 때 기어 다니며 보던 세상과는 완전히 다른 새로운 세상을 보며 살게 되는 것과 같습니다. 그러므로 하나님이 하시는 재창조와 우리가 하나님의 은혜로 행하는 회개는 서로 결합되어 있으며 분리할 수 없습니다(존 스토트).

마귀에게 틈을 주지 말라

"그런즉 거짓을 버리고 각각 그 이웃과 더불어 참된 것을 말하라 이는 우리가 서로 지체가 됨이라 분을 내어도 죄를 짓지 말며 해가 지도록 분을 품지 말고 마귀에게 틈을 주지 말라 도둑질하는 자는 다시 도둑질하지 말고 돌이켜 가난한 자에게 구제할 수 있도록 자기 손으로 수고하여 선한 일을 하라 무릇 더러운 말은 너희 입 밖에도 내지 말고 오직 덕을 세우는 데 소용되는 대로 선한 말을 하여 듣는 자들에게 은혜를 끼치게 하라"(4:25-29).

25절은 "그런즉 거짓을 버리고"라고 말씀합니다. 성도가 새사람을 입었다면 그리고 예수님을 본받았다면 새로운 삶을 살아야 합니다. 첫 번째 실천 사항으로 다른 성도들을 대할 때 그들이 함께 지체된 자들인 것을 기억하고, 거짓을 버리며, 참되게 행동해야 합니다. 대표적인 거짓은 주님을 안다고 하면서도 그 계명인 사랑을 실천하지 않는 것입니다(요일 2:4).

참된 사람은 참된 것만 말하고 행동합니다. 만일 예수님 안에서 한 몸을 이루는 지체인 이웃에게 거짓을 말한다면 그 이웃만 손해를 보는 것이 아니라 나도 손해를 보게 됩니다. 거짓은 돌고 돌아 자신을 죽이는 길이 되고 함께 망하는 길입니다. 지체끼리는 서로 영향을 주기 때문에 더욱 그렇습니다. 몸 한 구석에 병이 생기면 함께 고통을 받거나 그로 인해 죽을 수도 있습니다. 그러므로 한 집안 식구이면서도 서로 속인다면 그 집안은 망할 것입니다. 그래서 주님은 우리에게 참된 것만 말하라고 하시는 것입니다. 거짓 중에서도 가장 큰 거짓은 우상 숭배입니다(스캇).

26절은 또한 "분을 내어도 죄를 짓지 말며 해가 지도록 분을 품지 말라"고 합니다. 사람은 다른 사람과 갈등할 때나 억울한 일을 당할 때 분을 품을 수밖에 없습니다. 사람이 분이 나는 것은 어쩔 수 없지만 그 분을 해가 지도록 품지 말고, 그 분함으로 인해 죄를 짓지 말라는 것입니다. 사람은 화가 나면 예상치 못한 말과 행동으로 죄를 지을 수 있습니다. 하나님도 분을 내시기도 합니다. 그래서 진노의 하나님이라고 하는 것입니다. 그런 하나님을 닮는다면 우리도 분노할 수 있습니다. 하나님의 마음을 닮고 내는 분노는 거룩한 분노입니다. 그러므로 죄가 없습니다. 그러나 과연 우리의 분냄이 하나님의 분노와 100퍼센트 같다고 할 수 있을까요? 아마 인간적, 마귀적 분냄이 상당히 많이 포함될 것입니다.

영적으로 민감한 사람은 거룩한 분노와 육신의 분노를 구분할 수 있습니다. 성도가 사회의 잘못된 일들을 볼 때 그 속에서 거룩한 분노가 올라올 수 있는데 하나님이 지금 이 자리에 계신 것처럼 하나님의 거룩한 분노와 함께 안타까움과 슬픔이 공존하며 분노를 낼 수도 있습니다. 겉으로는 언성이 높아져 육신에 따라 분노한 것 같지만 속에서는 안타까움과 슬픔이 동시에 나온 것입니다. 하나님의 마음이 느껴지고 그에 따라 가슴에서 흐르는 눈물도 느껴질 수 있습니다. 하나님이 내 안에 계시고 하나님의 은혜의 생수가 흐르면서 의로운 분노가 나기 때문입니다.

하지만 육신의 분노에는 혈기만 있던지, 아니면 혈기가 상당히 많이 포함됩니다. 성도라 할지라도 사탄의 역사로 인하여 크게 혈기를 부린다면 이런 상황은 최악이 됩니다. 그런데 거룩한 분노와 육신의 혈기가 합쳐질 때도 있습니다. 처음에는 거룩한 분노가 일어났는데 계속 분을 내다 보니 육신의 혈기가 함께 올라오는 것입니다. 육신의 혈기로 분노를 내면 그 분노를 토해내는 것이 끝났을 때 마음의 안정을 잃어버리게 됩니다. 거룩한 심령이 흔들린 것입니다. 그런데 거룩한 분노, 즉 의분은 그것이 끝나면 바로 마음이 안정되고 고요해집니다. 거룩한 심령이 요동치지 않았다는 증거입니다. 혈기로 낸 분노의 특징은 숨이 몰아쉬어지고 입에서 계속 저주나 불평이 나옵니다. 흥분이 식지 않아 한참 동안 숨을 몰아 내쉬기도 합니다. 이럴 때 악한 영이 더 들어옵니다. 이렇게 육신의 혈기로 분을 내 죄를 지으면 그 죄를 회개하고 죄를 통해 들어온 악한 영을 제거하는 데 시간이 오래 걸리고 회개조차 힘듭니다.

그러므로 분을 품은 채 저녁을 맞이하는 것은 하나님과 우리 사이에도, 또한 육적인 부부에게도 큰 손실입니다. 그래서 죄를 짓지 말라고 말씀하신 것입니다. 혈기로 인해 분을 내고 계속 불평하며 저주하는 것은 죄를 짓는 것입니다. 이런 죄를 자각하고 빨리 회개해야 합니다. 만약 이 죄를 바로 회개하지 않고 "해가 지도록 분을" 품는다면 악한 영이 우리 몸 밖에 있다가 몸 안으로 들어와 뼈나 살, 근육에 박혀 자리를 잡게 되는데, 이때 들어온 악한 영은 잘 나가지 않습니다. 이럴 경우 회개하고 내보내는 것이 더 힘들어집니다. 결국 죄는 짓자마자 빨리 깨닫고 해결하는 것이 가장 좋습니다. 그렇지 않으면 악한 영으로 인해 내게 영적, 육적으로 문제가 생기게 됩니다.

27절에서 하나님은 쉽게 화를 낼 수 있는 연약한 성도에게 "마귀에게 틈을 주지 말라"고 경고하십니다. 쉽게 분노하면 마귀의 유혹을 받아 죄를 짓는 일에 너무 쉽게 노출됩니다. 영적인 사람들은 가르칠 때 마귀 이야기를 많이 합니다. 깊은 기도를 통해 영적 세계를 잘 알기 때문에 그렇게 할 수 있는 것입니다. 그리고 그런 영적인 깊이와 능력이 있으므로 교회를 영적으로 잘 이끌어나갈 수 있습니다. 바울도 성도들에게 마귀가 들어갈 수 있고, 틈만 나면 누구에게나 마귀가 들어가므로 조심하라고 경고하는 것입니다. 마귀가 이렇게 성도를 힘들게 하는데 어떻게 마귀에 대해 신경을 쓰지 않을 수 있겠습니까. 성도의 인생에서 마귀가 훼방하는 일은 너무나 많습니다. 그 마귀는 모든 사람의 주변에 항상 있으면서 역사합니다. 성령이 안 계신 곳이 없듯 마귀도 항상 우리 주변에 수도 없이 포진하고 있습니다. 마귀는 우리가 틈만 주면 들어올 것입니다.

28절에서 "도둑질하는 자는" 다시 도둑질하지 말라고 합니다. 도둑질에는 명예나 권리, 재물 등을 훔치는 것이 있는데 여기서는 물질이 가장 큽니다. 당시 성도들 가운데는 과거에 도둑질한 자가 있었을 것입니다. 과거에 도둑질한 죄를 지은 사람은 완전히 회개해야 합니다. 그리고 가난한 자에게 나누어주는 사람이 되어야 합니다. 그렇게 되려면 "자기 손으로 수고"를 해야 합니다. 정정당당히 수입을 얻는 것입니다. 사실 게으름이 도둑질의 원인입니다(매튜 헨리).

그리고 "선한 일을 하라"고 하셨으니 물질로 선한 일에 힘써야 합니다. 물질이 없다면 구제할 힘도 없습니다. "가난한 자에게 구제할 수 있도록" 해야 합니다. 이 세상에는 도움을 받아야 할 사람이 많습니다. 도둑질하던 행위와 완전히 반대로 행하는 것입니다. 도둑질하던 손의 더러움을 씻어 내 손에 하나님이 주신 은사가 들어와 역사하여 선한 일을 하는 것입니다. 이것이 진정한 회개입니다.

29절이 권면하듯이 "더러운 말은 너희 입 밖에도 내지" 말라는 말씀을 실천하면 됩니다. 언어생활도 바뀌어야 합니다. 성도는 다른 성도와 가족에게 기쁨을 주는 말만 해야 합니다. 이것은 다른 사람을 저주하는 말이나 음담패설, 우상 숭배와 관계된 말입니다. 또한 게으르고 물어뜯는 불결한 대화나 희롱하는 어리석은 말이라고 합니다(크리소스톰).

또한 "선한 말을 하여 듣는 자들에게" 은혜가 되는 말을 해야 합니다. 선한 말은 늘 은혜가 되고 교훈이 되는 말, 받는 사람이 좋은 충고로 받아 정말 고쳐야겠다는 생각이 들게 하는 말입니다. 상대방의 잘못된 행동을 고쳐주려고 한 말이 영적인 유익은커녕 상처만 주게 된다면 이것은 공동체를 망하게 하는 일입니다. 선한 말을 하여 공동체에 "덕을 세우는 일"에 최선을 다한다면 모두에게 큰 은혜가 됩니다. 이러한 삶은 가정에서부터 시작해야 합니다. 우리는 가정의 화목에 많은 신경을 써야 하고, 가장은 모든 구성원의 인격을 존중하며 은혜로운 가정이 되도록 힘써야 합니다. 가족이 모두 모이기를 좋아하고, 무슨 일이든 함께하는 가정으로 만들어야 합니다. 우리 가정처럼 되라고 자신의 가정을 보여줄 수 있어야 바른 지도자라고 할 수 있습니다. 지도자는 다른 사람들에게 좋은 모델이 되어야 하기 때문입니다.

교회도 은혜로운 교회, 천국 같은 교회로 만들기 위해 구성원 모두가 노력해야 합니다. 마귀는 우리 주변에서 이런 노력을 방해하고 평화를 깨기 위해 항상 가까이 있으면서 틈을 노립니다. 우리 옆에 늘 대기하고 있다가 바로 죄를 짓게 하는 것입니다. 그래서 우리는 마귀에게 틈을 주지 말아야 합니다. 마귀는 성도가 문을 활짝 열어두어야 들어올 수 있는 것이 아니라 바늘 같은 작은 틈으로도 들어올 수 있습니다. 그것은 악한 영들 가운데 바늘보다 더 작은 영이 있기 때문입니다. 물론 죄를 크게 지어 대문을 활짝 열어둔다면 일곱 귀신이 아니라 군대 귀신도 들어올 것입니다.

어느 누구도 죄를 짓지 않는다고 확신할 수 없으므로 자기 자신을 치며 매일 주님께 엎드려 회개하고 자신을 점검해야 합니다. 내가 예수님을 닮아가야 우리 가정이 천국이 되고, 내가 있는 모든 곳이 천국이 됩니다. 반대로 마귀를 닮는다면 내가 있는 곳이 지옥이 될 것이고 망할 것입니다.

성령을 근심하게 하는가

"하나님의 성령을 근심하게 하지 말라 그 안에서 너희가 구원의 날까지 인치심을 받았느니라 너희는 모든 악독과 노함과 분냄과 떠드는 것과 비방하는 것을 모든 악의와 함께 버리고 서로 친절하게 하며 불쌍히 여기며 서로 용서하기를 하나님이 그리스도 안에서 너희를 용서하심과 같이 하라"(4:30-32).

30절은 "성령을 근심하게 하지 말라"고 당부하고 있습니다. 바로 앞의 4장 27절에서는 마귀에게 틈을 주지 말라고 했습니다. 앞의 마귀 이야기와 지금 성령 이야기가 서로 대조되며 나오고 있습니다. 성령과 마귀를 대등한 위치에 놓고 말하는 것이 아닌가 생각될 정도로 마귀에 대한 내용에 비중이 있습니다. 마귀를 좋아할 성도는 아무도 없는데 성경에는 지나치리만큼 마귀, 악한 영, 귀신에 대한 이야기가 많습니다. 그런데 교회 안에는 마귀나 귀신 이야기를 하면 부담스러워하는 사람이 상당히 많습니다. 마귀에 대한 기분 나쁜 이미지가 심겨 있기 때문입니다. 그러나 우리는 하나님만큼 마귀도 성도에게 큰 영적 영향력을 끼치고 있음을 명심해야 합니다. 또한 그 마귀가 역사할 수 있는 근거가 되는 죄에 대해서도 마찬가지입니다. 우리가 죄와 마귀에 대해 얼마나 알고 있는지 생각해보아야 합니다. 성령과 마귀를 균형 있게 살펴야 합니다. 원수를 바로 알아야 전쟁에서 승리하기 때문입니다.

"성령을 근심하게 하지 말라"는 말씀이 쉽게 이해되지 않을 수 있습니다. 우리가 성령을 어떻게 근심하게 할 수 있을까요? 성령님은 하나님이시고 존귀하신 분인데 어떻게 성도가 그분을 근심하게 할 수 있을까 생각할 수 있지만, 위에서 금하는 죄악들은 남을 해롭게 하기보다 거룩하신 하나님의 성령님을 근심하게 합니다(박윤선). 성도가 날마다 자신에게 성령이 오시길 바라고, 성령의 인도하심을 받고 싶어 하면서도 이런 잘못을 저지를 수 있습니다.

"성령을 근심하게 하지 말라"는 말씀에서 성령은 먼저 성도의 마음속에 이미 들어오신 성령님을 말합니다. 성도의 가슴에는 성령님이 거하실 수 있는 성소, 심령의 그릇이 있습니다. 속사람 마음에 성령이 오시므로 성도는 성전입니다. 그 성소는 사람마다 크기가 다른데 이것은 각 성도의 분량에 따라 달라집니다. 마음속 성소에 성령님이 오시는데, 내가 작은 성소를 준비하면 성령님도 작게 오시고, 넓은 성소를 준비하면 성령님이 충만히 오시는 것입니다. 성령은 영이시니 크고 작게 오실 수 있으므로, 바울이 우리에게 성령의 충만을 받으라고 말한 것입니다. 결국 충만히 받지 못하는 사람이 있으므로 그들에게 충만하게 받으라고 말한 것입니다.

처음 예수님을 믿은 사람에게 성령은 작은 씨앗처럼 오셔서 그가 신앙생활을 할수록 점점 크게 임하십니다. 그래서 우리가 열심히 신앙생활을 해야 하는 것입니다. 하나님을 가까이 하고 예배드리며 기도하고 충성하며 헌신하는 것이 소중합니다. 그럴수록 성령이 내 안에서 충만해집니다. 내 마음의 성소를 잘 준비하는 것이 중요합니다.

그런데 성도가 죄를 지으면 내 마음의 방, 지성소에도 죄가 들어오고, 그 죄와 함께 악한 영이 들어옵니다. 악한 영은 아주 작은 것도 있습니다. 그런 마귀는 실제로 마음의 성소를 공격합니다. 온 몸도 공격하지만 특히 마음의 성소를 공격하여 더럽히고 하나님을 잘 섬기지 못하게 만듭니다. 우리가 큰 죄를 지을수록 큰 악한 영이 들어옵니다. 내 마음의 성소는 악한 영들이 침범하여 성령이 충만히 계실 수 없게 됩니다. 악한 영은 그 사람이 지은 죄를 근거로 들어왔기 때문에 성령이 그 영을 쫓아내실 수 없습니다. 좁은 방 안에 성령님과 죄, 마귀가 함께 거하게 되는 불편하고 기이한 상황이 벌어집니다. 이런 상황에서 성령님은 어떤 기분이실까요? 그 악한 영이 우리가 어떤 죄를 지었을 때 들어온 것인지 아시기에 성령님은 그 죄를 보시며 안타까워하십니다. 성령님은 마음의 성소에 계시면서 성도에게 은혜와 축복을 주셔야 하고, 구원의 끈이 천국의 보좌와 그에게 계속 연결되도록 도와주셔야 합니다.

그런데 성도가 지은 죄로 인해 악한 영이 합법적으로 침입한 것을 막을 수 없으므로 성령이 근심하실 수밖에 없는 것입니다. 어떤 조직 폭력

배가 빚 문서를 들고 남의 집에 쳐들어와 집 안에 드러눕고 행패를 부리면 막을 수 있겠습니까? 빚 문서라는 근거가 있으므로 막을 수가 없는 것입니다. 이렇게 마귀도 성도가 죄를 지었다는 합법적인 근거를 가지고 마음에 또는 속사람 안으로 들어온 것이기 때문에 성령님이 막으실 수가 없습니다. 성령님 스스로 근심하시는 것도 아니고, 마귀가 근심하게 한 것도 아니며, 성령님이 머물러 계신 집 주인인 성도가 죄를 지음으로 성령님을 근심하게 하는 것입니다. 성령님은 성도의 마음의 방에 들어오신 후 큰일을 하고 계십니다. 이것은 성도의 입장에서 자기 마음에 성령이 계시므로 "구원의 날까지 인치심을 받은 것"입니다. 성령이 마음에 머물러 계신다면 구원받은 백성이 된 것이 분명합니다. 성령이 머물러 계시는데 구원을 받지 못한다거나 지옥에 간다고 말할 수는 없습니다.

그런데 성령을 근심하게 하면 "구원의 날까지 인치심"을 받기 어려워지므로 구원에 문제가 생기는 것입니다. 성령이 내 속에 오시는 것은 내가 구원받은 백성이 되었다는 표시로 인 치시는 것입니다. 이 인 치심을 받은 후 계속 은혜로운 생활을 하면 성령이 내 속에서 열매를 맺게 하시고 점점 충만해집니다. 그런데 내가 죄를 지으면 내 속에서 조금씩 악한 영에게 밀려 밖으로 나가시다가 소멸, 즉 완전히 떠나시게 되므로 우리는 인 치심을 받지 못하게 되고 불 꺼진 제단이 되는 것입니다. 그리고 구원 백성에서 떨어지게 되는 것입니다. 이것은 성령이 근심하시는 것보다 더 큰 문제입니다. 성령이 마음에서 완전히 나가셔서 소멸된 사람은 제대로 된 기도를 하지 못합니다. 기도를 하려고 시도해도 기도가 나오지 않습니다. 기도를 한다고 해도 입술만 움직일 뿐 중언부언하는 경우가 대부분입니다. 그런 사람이 의외로 많습니다.

우리 마음에는 마귀와 성령이 공존하고 있습니다. 그래서 기도를 잘하다가도 죄를 짓기도 하고, 헌신과 악행을 번갈아 하게 되는 것입니다. 우리가 영적으로 성장하려면 점점 성령이 커지고 악독을 버리는 것이 마땅합니다. 성령이 내 속에서 80-90퍼센트 이상 차지하시도록 해야 합니다. 우리 속에 있는 죄는 우리가 성령의 세미한 음성에 귀 기울이게 하는 대신 성령의 권능에서 우리를 떼어놓습니다(맥클라렌).

31절은 우리에게 이렇게 경종을 울립니다. 이렇게 성령을 근심하게 하는 성도의 죄는 첫째가 "악독"입니다. 악독은 죄를 지으려는 독기로, 악한 독이 성도 속에 있다는 것입니다. 그 모든 악을 다 버려야 합니다. 악한 마음은 독사의 독과 같습니다. 이는 마귀가 준 것입니다.

둘째는 "노함"입니다. 악독보다 노함이 수준이 더 높습니다. 사람이 노하게 되면 "분내"고, 분이 나면 "떠들게" 되며, 이렇게 분이 나서 떠들 때는 보통 "비방하는" 말을 많이 하게 됩니다. 즉 인격을 모독하는 말을 합니다. 죄는 이렇게 단계별로 커집니다. 이런 것들과 함께 "모든 악의"를 버려야 하는데, 이 악의는 악의 뿌리입니다(박윤선). 악은 가지도 있고 뿌리도 있습니다. 이 악의 뿌리를 성도의 가슴에서 뽑고 그 가지와 열매까지 완전히 잘라 버려야 합니다. 그렇지 않으면 성령이 근심하십니다.

32절에서 "서로 친절하게" 하라고 하시는데, 이는 앞에 나오는 악을 버리지 않으면 실천할 수 없습니다. 악을 버리고 심령이 깨끗해지는 것이 선행되어야 그리스도의 사랑으로 진정한 친절을 베풀 수 있습니다. 악을 버리고 깨끗해져서 성령의 은혜가 충만해지면 내 영혼이 기쁨으로 충만해지는 느낌이 들고, 모든 사람에 대한 연민과 사랑이 느껴지며, 특히 믿음의 사람을 만나면 기뻐하게 됩니다. 그래서 성도 간의 진정한 교제는 죄가 씻겨야 가능합니다. 사람은 외식적으로 남에게 친절을 베풀 수 있습니다.

"불쌍히 여기며." 성도가 죄에서 떠나면 다른 성도를 불쌍히 여기게 됩니다. 험악한 세상에서 시달리고 마귀에게 시달려 그동안 하나님의 백성답게 살지 못한 것을 불쌍히 여기게 됩니다. 경제적 어려움, 가정의 불화 그리고 건강의 문제보다는 병적인 고통을 보며 불쌍한 생각이 들어야 합니다.

"서로 용서하기를." 성도도 사람이기 때문에 실수할 수 있고 분노할 수 있습니다. 내게 큰 손해를 입혔다면 미워할 수 있지만 용서하려고 애써야 합니다. 회개하면 하나님이 내 죄를 "용서하신 것"을 깨닫게 됩니다. 그러므로 다른 사람의 죄도 용서할 수 있게 됩니다. 주님은 우리 죄를 용서해주시려고 십자가를 지셨습니다. 잘 생각해보면 내가 지은 죄를 회개하여 주님이 내 죄를 용서하셨고, 지금 죄를 용서받은 것에 감사하는 상태이므로, 다른 사람 또한 주님께 회개하여 죄를 용서받은 것을 알게 됩니다. 그 사람이 내게 잘못한 것을 주님이 용서해주셨다면 그의 죄를 내가 물을 수 없습니다. 주님이 용서한 사람을 내가 어떻게 정죄할 수 있겠습니까. 나도 용서받았으므로 다른 사람도 용서받을 수 있는 기회가 있을 것을 생각하여 불쌍히 여길 수 있게 됩니다. 성도가 죄를 씻어 깨끗해지고 성령으로 충만해지면 서로 친절히 대하고 서로 불쌍히 여기며 용서하게 됩니다. 성도는 서로 깊은 교제를 나누기 위해서라도 자기 속에 있는 마귀를 쫓아내야 합니다. 이것이 선행되지 않으면 그 밖의 것은 모두 이룰 수 없는 의미 없는 메아리가 될 뿐입니다.

5장_신비

Ephesians

하나님을 본받으라

"그러므로 사랑을 받는 자녀 같이 너희는 하나님을 본받는 자가 되고 그리스도께서 너희를 사랑하신 것 같이 너희도 사랑 가운데서 행하라 그는 우리를 위하여 자신을 버리사 향기로운 제물과 희생제물로 하나님께 드리셨느니라"(5:1-2).

바울은 4장에서 성도들에게 마귀가 틈타지 못하게 하라고 권면하고, 죄를 지어 성령을 근심하게 하지 말라고 했습니다. 부모가 자식이 잘못했을 때 근심하듯이 우리가 잘못하면 우리 안에 계시는 성령이 근심하십니다. 자식을 죄짓는 일에 끌어들인 친구를 좋아하는 부모가 없듯이 성령은 우리를 죄짓게 한 마귀를 배척하십니다. 그렇지만 우리가 죄를 지으면 그 죄를 짓도록 끌어들인 마귀는 좋아할 것입니다. 그리고 성령은 그런 우리를 보시며 근심하실 것입니다.

하나님이 이스라엘이 애굽에서 나와 홍해를 건넌 후 시내산에서 십계명을 주신 것은 홍해를 통해 세례를 받고 과거를 완전히 청산하여 새로운 삶으로 변화되었기에 새롭게 된 성도, 하나님의 자녀가 된 성도에게 하나님 나라의 법을 알려주신 것입니다. 힘이 있어야 법을 지킵니다. 법을 알아도 법을 지킬 만한 힘이 필요합니다. 세례를 베푸시고 이적을 보이시며 만나를 먹이시면서 하나님을 체험하게 하시고, 능력을 주신 후 법을 지킬 수 있는 힘을 길러주신 다음 성도에게 법을 주신 것입니다. 하나님의 사랑을 받아야 그 법을 지킬 수 있고, 점점 하나님을 닮아갈 수 있습니다. 에베소서 5장도 하나님이 당신의 가족에게 하시는 말씀으로 보입니다.

1절에서 "사랑을 받은 자녀"라고 말씀합니다. 부모가 자식에게 여러 가지를 물려주었기 때문에 자식이 부모를 닮아가는 것입니다. 부모의 영적, 육적, 환경적인 유산을 물려받고 사랑을 받아야 부모를 닮을 수 있습니다. 그래서 데려와 키운 자식은 부모를 닮을 수가 없습니다. 성도는 아버지가 하나님이신 자녀로서 아버지에게서 많은 사랑을 받은 것입니다. 무엇보다 하나님은 예수 그리스도를 십자가에 달려 죽게 하셔서 죄를 용서해주시고 천국을 예비해주셨습니다. 그리고 성령을 보내주셔서 우리 마음에서 구원의 역사를 이루시고 기도를 들어주십니다.

하나님을 본받으라는 말은 신약성경 중 여기에만 있습니다(박윤선). 본받는 자는 모방자라는 의미입니다. 인간이 어떻게 창조주 하나님을 닮을 수 있습니까. 하나님의 성령이 우리 안에 오시고, 그 영적인 에너지를 받고, 예수님의 피로 하나님과 화목해지면 닮을 수 있게 됩니다. 그 은혜를 받지 못했다면 하나님을 닮는 것은 불가능합니다. 인간은 원래 하나님을 닮게 창조되었지만 죄로 인해 인간 속으로 마귀가 들어와 거룩함을 완전히 잃어버리고 더러워져 상당 부분 하나님을 닮지 못하게 된 것입니다. 하나님을 닮으려면 마귀를 내보내고 우리 속에 성령이 역사하시게 해야 합니다. 하나님과 우리 사이가 막힌 원인인 죄를 없애야 성령이 오실 수 있고, 그래야 하나님을 본받을 수 있습니다. 하나님의 가장 큰 사랑은 우리 죄를 용서하시기 위해 예수 그리스도를 이 땅에 보내신 것입니다. 그러므로 성도가 다른 성도의 죄를 용서해준다면 그는 하나님을 본받게 됩니다(크리소스톰).

그래서 2절에서 "그리스도께서 너희를 사랑하신 것 같이" 사랑 가운데 행하라고 말씀하시는 것입니다. 1절에서는 성부 하나님을 본받고, 여기에서는 성자를 본받으라고 하십니다. 주님의 사랑을 깊이 맛본 사람이 이 땅에서도 다른 사람을 사랑할 수 있습니다. 물론 주님의 사랑 없이도 다른 사람을 사랑할 수 있지만 그것은 일반적이고 형식적인 사랑일 것입니다. 아니, 그 형식적인 사랑조차 못하는 사람도 많습니다.

예수님이 우리를 사랑하신 사랑은 목숨을 버린 사랑인데, 이 사랑을 모든 성도가 과연 지식적으로 알고 어떤 모양으로든지 체험했는지가 중요합니다. 그리스도의 사랑이 우리를 통해 흘러가 다른 사람을 살리고 함께 천국 백성으로서 사랑을 나눌 수 있게 되는 것입니다. 그런 사랑이 가능하려면 그런 사랑을 체험해보아야 합니다. 우리가 경험하고 소유한 만큼 할 수 있기 때문입니다.

그래서 하나님은 사랑 가운데 행하라고 말씀하시기 전에 먼저 그리스도의 사랑에 대해 말씀하시는 것입니다. 사랑을 받은 적이 없는 사람은 아무리 하려고 해도 사랑을 할 수 없습니다. 어떻게 사랑해야 하는지 그 방법을 모릅니다. 아버지 역할을 제대로 못하는 사람들을 살펴보면 자기 아버지가 일찍 돌아가셔서 아버지의 사랑을 받아보지 못한 경우가 많습니다. 아버지 역할을 제대로 배우지 못했기 때문에 이런 일이 생기는 것입니다.

교회에서도 마찬가지입니다. 교회 안에서 지도자가 먼저 하나님을 깊이 알고 그 사랑을 깊이 체험한 후 성도들에게 흘려보내주어야 정상적인 교회가 됩니다. 신앙 교육은 이론적으로 가르친다고 되는 것이 아니라 삶으로 보여주는 것이 훨씬 더 중요합니다. 우리는 눈에 보이는 삶으로 더 많이 배웁니다.

"희생제물"이 되셨다는 것은 무슨 의미일까요? 구약 시대에 제사를 드릴 때 짐승을 잡아 각을 뜨고 고기를 완전히 태워 하나님께 드린 것을 의미합니다. 주님은 이렇게 우리를 위해 "희생제물"이 되어주셨습니다(고전 5:7). 주님은 영적인 것뿐 아니라 육체도 십자가 위에서 양이나 소의 고기와 같이 하나님께 드리셨습니다. 이것은 하나님께 대한 완전한 복종이며 인간에 대한 완전한 사랑입니다(바클레이). 그래서 "향기로운 제물"이 되어주셨습니다. 하나님은 제사드릴 때 나는 연기를 향기롭게 받으십니다. 예수님도 자기 몸을 십자가에 태워 하나님께 연기로 올려 드리셨습니다. 한 마리의 양처럼 완전히 자신을 "버리사" 제물로 드려지셨습니다. 우리가 진실로 주님을 닮기 원한다면 우리 자신을 주님을 위해 내놓아야 합니다.

우리를 위해 자기 몸을 내어주신 예수님의 십자가 사랑이 내 안에 충만히 임한 후에야 비로소 내 주변으로 사랑이 흘러갈 수 있습니다. 상전이 먹을 것이 많아야 종들도 풍성히 누릴 수 있는 것입니다. 저수지처럼 내 속에 하나님의 은혜의 물이 차고 넘쳐야 합니다. 내가 갈급하면 물이 적어 남에게 나누어줄 수 없습니다. 그래서 자신이 정말 하나님의 풍성한 사랑과 은혜를 잘 받았는지 살펴보아야 합니다. 그렇게 되었을 때에야 하나님을 본받을 수 있고 다른 사람도 사랑할 수 있습니다. 우리 자신이 먼저 하나님과 좋은 관계를 맺고 하나님을 깊이 체험하는 삶을 살아야 합니다.

우상 숭배의 죄

"음행과 온갖 더러운 것과 탐욕은 너희 중에서 그 이름조차도 부르지 말라 이는 성도에게 마땅한 바니라 누추함과 어리석은 말이나 희롱의 말이 마땅치 아니하니 오히려 감사하는 말을 하라 너희도 정녕 이것을 알거니와 음행하는 자나 더러운 자나 탐하는 자 곧 우상 숭배자는 다 그리스도와 하나님의 나라에서 기업을 얻지 못하리니 누구든지 헛된 말로 너희를 속이지 못하게 하라 이로 말미암아 하나님의 진노가 불순종의 아들들에게 임하나니 그러므로 그들과 함께 하는 자가 되지 말라"(5:3-7).

이 세상에는 훌륭한 사람도 많고 훌륭한 목회자도 많습니다. 하나님이 당신을 믿는 우리에게 원하시는 수준은 우리가 하나님의 자녀이지 종이 아니므로 당신을 닮기 바라시는 것입니다. 하나님의 일을 할 때는 하나님의 종이지만 하나님과 성도의 신분 관계를 따지면 하나님의 자녀인 것입니다. 그러므로 하나님의 사랑을 받고 구속하심을 받아 하나님 아버지를 닮는 것에 목표를 두어야 합니다.

물론 우리가 아무리 애를 써도 하나님을 닮을 수는 없습니다. 하지만 아버지가 아들에게 자기를 닮으라고 하는 것은 아들이 부모의 유전인자를 받아 태어났기에 불가능한 일이 아니므로 그렇게 말할 수 있는 것처럼 우리도 하나님의 자녀로 창조되었기에 불가능한 일이 아닌 것입니다. 물론 우리에게는 부모에게서 받은 유전인자 외에 추가된 것으로, 죄를 통해 들어온 악한 영이 있고, 또 마귀가 훼방을 하기 때문에 하나님을 닮는 것이 어려운 일이 되었습니다. 하지만 우리가 죄를 깨끗이 씻고 더는 죄를 짓지 않고 거룩하게 산다면, 아들이 아버지를 닮듯이 하나님을 어느 정도는 닮을 수 있을 것이라고 생각합니다.

하나님을 닮는다면 하나님 아버지가 가진 모든 것을 어느 정도 소유할 수 있을 것입니다. 하나님은 무한한 권세와 권능과 지혜와 지식을 가지셨으므로 우리에게 그것을 주실 수 있습니다. 그런데 예수님을 믿는 사람들이 그럭저럭 사는 것에 만족하고 발전하려고 노력하지 않는 것을 보면 안타까운 마음이 듭니다. 하나님은 온 우주 만물을 다스리는 권세를 처음 사람인 아담에게 주셨는데 그리고 그 마음을 지금도 가지고 계실 텐데 왜 우리가 힘없이 살아야 합니까? 아무것도 모르고 능력도 없이 살다가 가는 것이 정말 우리 인생일까요? 성경은 우리가 하나님을 닮기를 요구하는데 왜 그렇게 되지 못하는 것일까요?

3절에서는 "음행과 온갖 더러운 것과 탐욕"은 이름조차 부르지 말라고 합니다. 바울은 신자가 온갖 더러운 행위를 버려야 한다고 말합니다. "음행"은 음란한 행위를 말하는 것으로, 하나님은 부부관계에서 성적인 부분을 허락하셨고, 자녀를 출산하도록 하셨지만 그 외의 음란한 행위는 버리라고 하시는 것입니다. 특히 이것은 영적 의미입니다. 당시 에베소 지역은 아데미 여신을 섬기면서 음란한 일이 횡행했습니다. 우상 숭배를 통해 음행이 들어와 일상생활에 퍼진 것입니다. “온갖 더러운 것”은 우상 숭배와 음란과 밀접한 관계가 있는 죄입니다.

“탐욕”은 음란을 탐하고 물질을 탐하는 것을 말합니다. 보통 탐욕의 영은 배에 많습니다. 하나님은 이런 음행과 더러움과 탐욕에 대해서는 “이름조차” 부르지 말라고 하시는 것입니다. 입이 더러워지고 마음도 더러워지기 때문입니다. 이렇게 되면 그 사람의 인격도 망가지고 신앙도 의심받게 됩니다. 이런 죄는 우상 숭배자들에게 많이 나타납니다. 그래서 성교육도 필요하지만 마음과 영혼이 더러워질지 모르므로 조심해서 해야 합니다. 방향이 조금만 틀어져도 잘못 전달될 수 있습니다. 성도는 거룩한 사람, 하나님을 닮고자 하는 사람이므로 마땅히 아버지인 하나님에 관한 이야기를 많이 해야 합니다.

4절에서는 “누추함과 어리석은 말, 희롱의 말이 마땅치 아니하니” 삼가라고 합니다. 여기서 말하는 “누추함”은 천함을 말하는데, 감옥 같은 생활을 말합니다. 가난한 천민과 같은 밑바닥 생활인 것입니다. 우리는 다른 사람을 이렇게 대우할 수 없습니다. 또 어리석은 말과 희롱하는 말을 삼가라고 했는데, “어리석은 말”은 쓸데없는 말입니다. 말에는 열매가 있는 말이 있고, 열매가 없는 말이 있습니다. 헛된 말은 열매가 없습니다. 그리고 "희롱하는 말"은 무시하고 깔보며 놀리는 말입니다. 성도들은 말할 때 상대의 인격을 존중하고, 하나님이 지금 내가 하는 말을 다 듣고 계신다는 것을 생각하며 말해야 합니다.

말에 실수가 많은 사람은 악한 영이 그 입을 공격할 수밖에 없습니다. 그래서 말을 조심해야 합니다. 그리고 입에 죄가 많으면 성도가 거룩한 말을 할 때 입에 있는 영들이 영적으로 방해를 합니다. 또 기도할 때 하나님께 내 기도가 상달될 에너지가 약해져 잘 상달되지 못하여 응답을 받지 못하게 됩니다. 악한 영이 적으면 주님 이름만 불러도 하나님 보좌에 들립니다. 하나님을 본받기 위해서는 말도 조심해야 합니다. 대신 "감사하는 말"은 많이 해야 합니다. 불평은 은혜를 떠나게 하고, 감사는 은혜를 불러옵니다.

5절에서 "음행하는 자나 더러운 자나 탐하는 자 곧 우상 숭배자"는 그리스도의 나라나 하나님의 나라에서 기업을 얻지 못한다고 말씀합니다. 하나님의 나라는 하늘과 이 땅을 다 포함하여 하나님이 통치하시는 곳입니다. 우상 숭배, 음행, 더러운 행위를 하는 사람은 그러므로 천국을 소유할 수 없습니다. 한 번 지은 죄로 천국을 가지 못하는 것은 아니지만, 여기서는 하나님을 의식하지 않고 죄를 짓는 것을 말합니다. 하나님을 믿더라도 사탄의 유혹을 이기지 못하고 계속 죄를 지어 죄가 쌓이면 천국의 상급이 적어지고 이 땅에서의 축복도 받기 어렵습니다. 물론 이 모든 것은 회개하지 않을 때 일어나는 결과입니다. 죄를 회개하지 않을 때 이렇게 된다는 것입니다. 죄를 철저히 회개하여 쌓은 죄를 없애고 더는 죄짓지 않기 위해 노력한다면 회개한 만큼 더욱 은혜를 받을 수 있습니다.

6절에서는 그래서 "불순종의 아들들"에 대해 말합니다. 불순종의 아들은 예수님을 믿지 않으므로 하나님을 닮지 않은 사람이고 범죄한 자입니다. 순종의 아들은 하나님을 닮아가는 사람입니다. 성도가 100퍼센트 하나님께 순종하지 못한다고 해서 불순종의 아들이 되는 것은 아닙니다. 죄를 깨닫고 회개하며 그 죄를 짓지 않으려고 하면 그 씨가 순종의 아들이 됩니다. 그러나 하나님 없이 살려고 하는 사람은 불순종의 아들입니다. 이것은 어쩌다 일시적으로 하나님께 불순종한 것을 말하는 것이 아닙니다. 둘은 근본적으로 차이가 있습니다. 불순종의 아들에게는 하나님의 진노가 임합니다.

하나님의 자녀가 되면 하나님의 권세와 능력과 지혜와 지식 등 모든 것을 물려받을 수 있습니다. 하나님이 영적, 물질적 능력을 다 주실 수 있으므로 불순종의 아들처럼 이 세상에서 되는 대로 살지 말고 거룩하게 살아야 합니다. 그러면 하나님의 것이 다 내 것이 될 수 있습니다. 아담이 처음에 그랬고, 예수님은 인간의 몸을 입으시고도 그렇게 되실 수 있었습니다. 또 성경과 교회사를 살펴보면 뛰어난 인물들이 많습니다. 그들이 어떻게 그렇게 살 수 있었는지 놀랍지만, 하나님이 그들에게 능력을 주셨기 때문에 가능했던 것입니다.

"헛된 말로 너희를 속이지 못하게 하라." 이는 사도 바울의 권면입니다. 당시 교회 안팎에서는 거짓 스승들이 순종의 삶을 살려는 성도들에게 우상 숭배나 음행 등은 죄가 아니라고 교묘히 가르쳐 마귀의 자식으로 만들려고 했습니다. 죄와 두려움을 약화시키는 가르침이라면 그 어떤 가르침도 매우 독성이 있습니다.

7절에서 바울은 "그들과 함께 하는 자가 되지 말라"고 다시 한 번 당부합니다. 하나님께 순종하며 사는 성도는 하나님께 불순종하며 마귀에게 순종하는 자와 함께할 수 없습니다. 신앙적으로도 함께할 수 없고, 모든 중요한 일에도 함께할 수 없습니다. 만일 그들과 함께한다면 앞에서 말한 여러 불이익과 진노를 당할 수밖에 없습니다. 하나님 말씀에 순종하고 실천하지 않는다면 그 믿음은 바람에 나는 겨와 같습니다. 순종의 자녀와 불순종의 자녀는 다릅니다. 그러므로 모든 사람이 보편적으로 구원을 받는다는 주장은 거짓말입니다(존 스토트).

빛의 자녀들처럼

"너희가 전에는 어둠이더니 이제는 주 안에서 빛이라 빛의 자녀들처럼 행하라 빛의 열매는 모든 착함과 의로움과 진실함에 있느니라 주를 기쁘시게 할 것이 무엇인가 시험하여 보라"(5:8-10).

8절에서 바울은 하나님의 순종의 자녀들을 향하여 "이제는 주 안에서 빛이라"고 합니다. 과거에는 "어둠"이었는데 죄에서 떠나 빛 가운데 거하게 된 것입니다. 성도가 하나님을 향해 달려가면 마귀에게서 떠나는 것입니다. 반대로 마귀에게서 떠나면 하나님께로 가는 것입니다. 마귀와 하나님은 어둠과 빛으로 대비됩니다. 주님은 우리에게 그동안 어둠 속에서 죄를 짓고 살았지만 완전히 방향을 바꾸어 빛으로 나아오라고 하시는 것입니다. 주님께 나아왔어도 완전히 빛의 자녀가 되는 데는 시간이 필요합니다. 북한을 탈출하여 남한으로 왔다고 해서 그의 습관, 말투 등 모든 것이 한순간에 대한민국 사람으로 바뀌는 것이 아니듯, 어둠에서 빛으로 들어와도 빛의 자녀의 모습으로 쉽게 바뀌는 것이 아닙니다. 그러므로 사람이 자라가듯 "빛의 자녀들처럼" 행하라고 가르치는 것입니다.

9절을 보면 빛의 자녀는 열매를 맺습니다. 열매를 맺는 길은 "모든 착함과 의로움과 진실함"에 있습니다. 빛의 열매라는 말은 빛에 합당한 행실을 의미합니다(박윤선). 성도에게는 착한 열매, 의의 열매, 진실의 열매가 맺혀야 합니다. 착함은 사랑을 가리킵니다. 의로움은 회개하여 의롭게 되는 것입니다. 죄인은 의인이 될 수 없습니다. 진실은 위선과 외식의 정반대입니다. 그리스도인의 삶은 진실한 삶입니다.

이렇게 되려면 빛 가운데 거해야 합니다. 빛 가운데 거하는 것은 성부 가운데 거하는 것입니다. 성부 하나님이 빛의 본체이십니다. 하나님은 이 세상을 창조할 때 "빛이 있으라"고 하시면서 가장 먼저 빛을 창조하셨습니다. 이 빛은 태양빛이 아닙니다. 태양을 창조하시기 전에 빛이 창조되었기 때문입니다. 또 별도 빛 이후 창조되었습니다. 따라서 태양과 별이 있기 전에 이미 빛이 있었으므로 어둡지 않았습니다. 온 우주에 빛이 있었습니다.

하나님은 빛 덩어리이신데, 어마어마하게 큰 빛 덩어리이시므로 하나님이 가장 먼저 자신을 닮은 빛을 만드신 것입니다. 하나님이 세상을 창조하실 때 꼭 말로 하실 필요가 있었을까요? 어마어마한 능력을 가지신 하나님은 빛의 본체이시니 한 번 번쩍이며 빛을 펼치시기만 해도 온 우주에 그 빛이 퍼져나갈 것입니다.

그래서 빛 가운데 거하라는 본문 말씀은 빛의 본체이신 하나님 가운데 거하라는 것입니다. 이것은 하나님 아버지 품에 거하는 것입니다. 하나님은 빛으로 인생을 창조하셨습니다. 온 우주는 빛을 통해 만들어졌고, 우리도 그 중에서 창조되었으며, 그 아버지의 빛에 거하면서 닮아가야 합니다. 어떻게 하나님을 닮을 수 있는지에 대한 답은 바로 빛 가운데 거하는 것입니다.

빛은 또 성자이십니다. 요한복음 1장 9절에서 요한은 예수님을 빛이라고 했습니다. "참 빛 곧 세상에 와서 각 사람에게 비추는 빛이 있었나니." 예수 그리스도, 즉 성자도 성부에게서 나오셨습니다. 성부가 성자를 낳으셨기에 아들입니다. 빛이신 성부가 낳은 아들이므로 성자도 빛이십니다. 그래서 예수님은 빛으로 이 세상에 오신 것입니다.

또 성령도 빛이십니다. "빛의 열매"라는 말은 "성령의 열매"로도 해석이 가능합니다. 본문에 나오는 "빛의 열매는 모든 착함과 의로움과 진실함"이라는 말에서 이 빛의 열매를 성령의 열매로 쓴 성경 버전도 있습니다. 빛은 성령입니다. 성령은 우리에게 빛으로 오십니다. 삼위일체 하나님은 다 빛이십니다. 이런 삼위일체 하나님 안에 거하는 것이 바로 빛 가운데 거하는 것입니다.

우리는 삼위일체 안에 거하는 것뿐만 아니라 하나님의 빛을 많이 받은 빛의 사람들 안에 거해야 합니다. 하나님께 충성하는 많은 사람이 있습니다. 그런 사람들과 함께해야 합니다. 주님이 빛이 되시니 많은 무리가 그 빛을 보고 모여 무리를 이루었습니다. 어둠 속에서 불빛을 보고 물고기가 모여들듯이, 빛을 바라보고 사람들이 모이는 것입니다. 빛을 쫓아온 무리, 믿음의 사람들 안에 거해야 합니다.

하나님을 잘 믿으려면 어둠에서 벗어나야 합니다. 죄, 특히 우상 숭배의 어둠에서 벗어나야 합니다. 어둠에 거하던 사람이 빛으로 완전히 방향을 바꾸고 달려 나가야 합니다. 과거에 얽매이지 말고 돌진해야 열매를 맺을 수 있습니다. 빛으로 나아가면 우리 뒤에 있는 어둠에서 멀어집니다. 어둠과 빛 사이에서 한가운데 있을 때, 빛으로 한 칸 가면 어둠에서는 한 칸 멀어지게 됩니다. 마귀와 멀어진 만큼 하나님과 가까워집니다.

성도가 하나님께 가까워지면 하나님의 역사가 강해져 빛의 열매를 맺는 것이 쉬워지고, 하나님이 우리를 끌어주시니 하나님께 더 나아갈 수 있게 됩니다. 어둠에 가까워질수록 죄를 짓기가 쉬워집니다. 또 마귀가 나를 부추기며 끌고 가니 더 죄짓게 됩니다. 반대로 하나님께 가까이 나아가면 나아갈수록 어둠의 힘이 미치지 못하여 우리를 방해하지 못하게 됩니다. 또 하나님이 우리를 도우시는 힘이 점점 커지고 천사들의 도움까지 더해지므로 하나님께 나아가는 것이 더 쉬워집니다. 그래서 하나님의 빛을 받아 하나님이 처음 인간을 창조하셨던 모습을 상당 부분 되찾을 수 있게 됩니다. 바울의 글은 정말 영적인 깊이가 있습니다. 하나님의 은혜의 바다에 발만 담그지 말고 몸 전체가 완전히 잠겨서 하나님의 임재를 충만히 느껴야 합니다.

10절은 "주를 기쁘시게 할 것이 무엇인가 시험하여 보라"고 하며 빛의 자녀가 행할 일을 가르쳐줍니다. 빛의 자녀는 빛의 본체이신 주를 바라보며 살아야 합니다. 그리고 찾아야 합니다. "시험하듯이" 살펴서 행해야 합니다. 하나님이 "주를 기쁘시게 할 것이 무엇인지 시험하라"고 하셨는데 우리에게는 이 땅에서 할 일이 많기 때문에, 그런 것들을 다 관여하려면 시간상으로나 마음으로 하나님을 기쁘시게 하는 일을 많이 할 수 없습니다. "시험하는 것"은 살펴보고 건드려보는 것입니다. 마치 과학자가 실험실에서 실험하면서 그 결과를 알아보듯 하는 것입니다(박윤선). 자신이 할 여러 일 중 이것이 하나님이 기뻐하시는 일인지 살펴보고, 하나님이 기뻐하시지 않으면 멈추고 기뻐하시면 계속하는 것이 시험해보는 것입니다. 이렇게 하는 자가 지혜로운 자입니다.

하나님의 마음을 아는 자는 지혜로운 자로 단순히 지식을 많이 쌓은 자와는 다릅니다. 성도는 지혜롭게 상황 판단을 잘해야 합니다. 부모가 좋아하는 일을 하는 자식이 효도하는 자식입니다. 사랑해서 하는 일이라도 사랑하는 사람이 싫어한다면 하지 말아야 합니다. 상대방이 필요로 하는 일, 좋아하는 일을 해야 그가 좋아할 것입니다. 성경에 하나님이 어떤 사람을 좋아하시는지 적혀 있으므로 그런 일들을 찾아서 해보는 것입니다. 모든 일을 시험하여 하나님이 기뻐하시는 일인지 아닌지를 흔들어보고, 찔러보며, 좋아하시는 일을 찾아내는 자가 지혜로운 자입니다. 예수 그리스도는 우리가 당신과 온전히 같아지는 것을 가장 바라십니다(맥클라렌).

열매 없는 일들

"너희는 열매 없는 어둠의 일에 참여하지 말고 도리어 책망하라
그들이 은밀히 행하는 것들은 말하기도 부끄러운 것들이라 그러나
책망을 받는 모든 것은 빛으로 말미암아 드러나나니 드러나는 것마다
빛이니라 그러므로 이르시기를 잠자는 자여 깨어서
죽은 자들 가운데서 일어나라 그리스도께서 너에게
비추이시리라 하셨느니라"(5:11-14).

11절은 "너희는 열매 없는 어둠의 일에" 참여하지 말라고 합니다. 주를 기쁘시게 하는 것은 성도의 삶의 목적 그리고 열매와 직결됩니다. 왜 열매를 맺어야 합니까? 바로 주를 기쁘시게 하기 위해서입니다. 하나님이 우리를 창조하신 목적이 하나님 안에서 기쁘게 살면서 영광을 올려드려 하나님이 기뻐하시도록 하기 위함입니다. 하나님은 우리만 좋으라고 우리를 창조하신 것이 아닙니다. 인간의 귀한 삶을 통하여 하나님이 영광을 받으시려고 우리를 창조하셨습니다. 그래서 우리는 날마다 하늘 아버지를 어떻게 하면 기쁘시게 할지 생각하면서 열매 맺는 행동을 해야 합

니다.

열매가 있는 것은 빛이고, 빛 안에서 열매를 거두는 것입니다. 반대로 열매가 없는 것은 어둠이고, 어둠이 있으면 열매가 없습니다. 어둠, 즉 하나님이 없는 일에는 죄의 열매는 있고 의의 열매가 없습니다. 그러므로 성도는 이런 어둠의 일에 "참여"하면 안 됩니다. 인생의 궁극적인 목표는 열매를 맺는 것입니다. 열매를 맺지 못하는 일에는 아무리 많은 시간을 보내도 헛될 뿐입니다. 그래서 성도는 "어둠을 책망"해야 합니다. 참여를 요청받아도 단호히 거부하고 열매 맺는 일로 과감히 돌아서야 합니다.

12절을 보면 "은밀히 행하는 것들"이라고 나오는데 이것은 사람이 어둠에서 행하는 것이고, 하나님 없이 행하는 것이며, 밤에 하는 것입니다. 이 같은 것은 "부끄러운 일"입니다. 이 역시 책망받을 일입니다. 부끄러운 일로 책망을 받는다면 사람은 듣기 싫어하므로, 책망은 그 불의에 대한 방지책이 됩니다(박윤선). 설령 그 당시는 훈계를 받아들이지 않더라도 빛 되신 말씀이 그의 생각과 마음에 남아 있을 것입니다.

하나님은 빛의 본체로서 우리에게 태양을 모형으로 주셨습니다. 태양에는 빛, 열, 에너지가 있습니다. 이 모든 것은 하나님을 설명하는 데 좋습니다. 하나님을 알게 하는 데 좋은 시각 자료가 됩니다. 우리는 빛에서 떠나면 은밀히 부끄러운 일을 하게 됩니다.

"책망을 받는 모든 것은" 언젠가 빛에 의해 드러난다고 13절은 말씀합니다. 어둠은 오래가지 못합니다. 갑자기 빛이 비쳐 그 은밀함이 드러날 때가 옵니다. 우리는 어두운 영화관에서 영화를 보지만 영화가 끝나면 불이 환하게 들어옵니다. 불이 꺼져 있을 때는 내 옆에 누가 있었고 그 안에서 어떤 일이 있었는지 모르지만, 빛이 비치면 다 드러나게 됩니다. 이 세상도 지금은 어둠 가운데 있지만, 주님이 오시는 날 주님의 빛이 온 세상에 비쳐 다 드러나게 될 것입니다. 빛의 열매를 맺었는지 어둠의 열매를 맺었는지가 다 드러납니다. "드러나는 것마다 빛이니라." 어둠은 사라지고 파산할 것입니다. 그리고 썩어버립니다. 결국 빛만 드러날 것인데 이는 빛만이 열매가 있기 때문입니다.

14절에 "잠자는 자여"라는 말이 나오는데 이는 어둠, 밤과 연결됩니다. 빛과 대비되는 개념입니다. 이제 잠자는 자는 죽은 자들 가운데 더 있지 말고 "깨어서 죽은 자들 가운데서" 나와야 합니다. 바울은 '잠자는 자'와 '죽은 자'를 통해 죄 가운데 있는 사람들에 대해 말합니다(크리소스톰). 잠자는 자와 죽은 자는 다릅니다. 잠자는 자는 일시적으로 잠을 잤지만, 죽은 자들과 영원히 함께할 수 없습니다. 이제는 깨어서 주님 앞으로 나아가야 하는데, 빛 되신 주님이 밝히 "비추어주실" 것입니다. 이미 주님이 빛으로 다가가실 수도 있습니다. 당시 에베소 지역은 아데미 신을 섬겼습니다. 많은 사람이 아데미 신전에 모여 제사를 지낸 후 밤새 술을 마시고 놀면서 방탕하고 음란한 일을 많이 했습니다. 그들은 이런 행동을 하고 서로 자랑했습니다.

바울이 본문에서 말하는 어둠은 결국 우상 숭배입니다. 이 우상 숭배는 죄이고 어둠이며 밤이고 방탕입니다. 반대로 빛은 성령의 역사로서 성령의 열매를 맺음으로 어둠과 완전히 구분됩니다. 바울은 빛과 어둠을 완전히 이분법적으로 계속 나누어 이야기하고 있습니다. 회심이란 바로 잠에서 깨어나고 죽음에서 다시 살아나며 어둠에서 빛으로 나아오는 것입니다(존 스토트).

술 취함과 성령 충만

"그런즉 너희가 어떻게 행할지를 자세히 주의하여 지혜 없는 자 같이
하지 말고 오직 지혜 있는 자 같이 하여 세월을 아끼라 때가 악하니라
그러므로 어리석은 자가 되지 말고 오직 주의 뜻이 무엇인가
이해하라 술 취하지 말라 이는 방탕한 것이니 오직 성령으로
충만함을 받으라 시와 찬송과 신령한 노래들로 서로 화답하며 너희의
마음으로 주께 노래하며 찬송하며 범사에 우리 주 예수 그리스도의
이름으로 항상 아버지 하나님께 감사하며 그리스도를
경외함으로 피차 복종하라"(5:15-21).

에베소서 5장은 하나님의 자녀와 불순종의 자녀, 빛과 어둠, 진리와 비진리와 같이 이분법적으로 말하고 있습니다. 하나님은 깨끗하신 분이고 마귀는 더럽습니다. 하나님은 빛이시고 마귀는 어둠입니다. 우리도 원래 출신은 어둠이었습니다. 어둠에서 달음질하여 빛으로 나온 것입니다. 이제 빛으로 나와 빛과 진리 가운데 거하면서 선을 행하려고 다짐하지만 생각대로 잘 되지 않습니다. 출신이 어둠이기 때문입니다. 그래서 아직 일부분은 어둠의 영향을 받습니다. 빛과 어둠으로 나누어볼 때 처음부터 빛

이었다면 어둠에 대해서는 생각하지 않아도 되지만, 모든 사람은 어둠 출신이라고 할 수 있습니다. 예수님을 믿고 어둠에서 빛을 향하여 이동한 것인데, 어둠에서 빛으로 얼마나 나왔는지는 사람마다 차이가 있습니다. 상당한 거리를 달려 나온 것 같은데도 대부분 사람은 어둠과 빛 중간에 있습니다.

빛을 향해 열심히 달려온 사람 중에는 깊은 어둠에 있었기 때문에, 아직도 어둠에 속해 있는 지역을 벗어나지 못했으며, 어둠의 끝인 경계선을 넘지 못했을 수도 있습니다. 사람마다 얼마나 빛에서 먼 어둠에 있는지는 다 다릅니다. 어디쯤에 있는 어두움인지 시작 선이 다른 것입니다. 예수님을 믿는다고 다 빛으로 들어오는 것이 아니라, 이제 어둠의 지역에서 빛을 향하여 몸을 돌이키는 것이기 때문에 열심히 빛으로 나아가야 합니다. 본인은 정말 열심히 빛으로 달려왔다고 생각했지만, 어둠과 빛의 경계선에 있는 경우가 많습니다. 만약 어둠일지라도 경계선 가까이에서 시작했다면 금방 빛과 어둠을 가르는 경계선을 넘어 빛으로 들어올 수 있을 것입니다.

세상은 어두움이고 주님 안에 있는 것이 빛입니다. 세상일에 분주한 현실주의자들은 여러 이상주의자에 대해 입술을 비쭉이고 그저 몽상가일 뿐이라고 비아냥거립니다. 그러나 오히려 정반대입니다. 도리어 이상을 꿈꾸는 자들이 깨어 있는 자들이라고 할 수 있습니다(맥클라렌).

15절에서 바울은 "너희가 어떻게 행할지를 자세히 주의하여 행동하라"

고 말합니다. 이렇게 해야 "지혜 있는 자"로서 살아갈 수 있습니다. 바울은 빛과 어둠, 지혜와 어리석음을 비교하면서 빛에 있는 자는 지혜로운 자이고, 어둠에 있는 자는 어리석은 자라고 말합니다. 어둠에 있으면 시야가 가려져 목표도 보이지 않고 주변을 잘 알 수 없습니다. 자신의 위치와 모습과 행동이 어떠한지를 파악할 수 없습니다. 그래서 어느 때는 돌에 걸려 넘어지고, 또 구덩이에 빠지거나 해도 어떻게 대처할 수가 없게 되는 것입니다. 빛 가운데에 있어야 잘 보고 넘어지지 않고 갈 수 있습니다. 자세히 주의해서 보아야 그런 것들을 피하여 갈 수 있는 것입니다. 빛에 있다고 해서 길이 평탄한 것은 아니기 때문입니다. 그렇지만 빛 가운데 있으면 주의를 기울여 다 피하여 갈 수 있는 것입니다. 빛 가운데 있지 않은 사람은 아무리 주변을 살피고 승리하려고 해도 소용없습니다. 우리의 인생길이 이렇게 험합니다. 빛 가운데 있는 것 자체가 지혜입니다. 지혜로운 자는 자기의 삶을 면밀히 살피고 열매 맺는 일에 집중합니다. 이렇게 극도로 신중하고 조심하지 않으면 마음과 생활에 순결함과 거룩함을 지속하기가 불가능하기 때문입니다(매튜 헨리).

16절에서 "세월을 아끼라"고 합니다. 그 이유는 "때가 악하기" 때문입니다. 이 세상은 언제나 악하고 우상과 비진리가 판을 칩니다. 에베소 지역은 당시 아데미 신을 섬기던 곳입니다. 그래서 바울은 에베소 교회를 향해 우상 숭배와 놀고먹는 일에서 나오라고 하는 것입니다. 우리의 짧은 인생이 지나고 나면 주님이 우리가 수고한 모든 것을 갚아주실 것이므로 그 상을 받으려면 이 땅에 있는 동안 주님께 충성해야 합니다. 각자 맡은 달란트대로 충성해야 합니다. 삶이 끝나면 더는 기회가 없습니다.

"세월을 아끼라"는 말은 세월을 사라고도 해석하는데, 시간은 돈입니다. 시간을 돈으로 본다는 말을 좋아하지 않는 사람들도 있겠지만 시간은 정말 귀합니다. 이 땅에서 이룬 성과도 중요하지만 하나님께 열매를 올려드리는 것도 중요합니다. 성도는 주님 앞에서 칭찬을 듣고 상급을 받아야 합니다. 인생에게 한 번 허락하신 생명인데 헛되게 쓰면 억울한 일입니다.

지혜로운 자는 세월을 아끼며 많은 열매를 맺는 사람입니다. 우리가 우리 자신을 칭찬하고 싶은 마음이 있을 만큼 열심히 살아야 합니다. 한 해 한 해가 지날 때마다 하나님께 자신이 정말 열심히 살았다고 고백할 수 있어야 합니다. 성도는 주님 나라를 위해 목숨을 걸고 가정을 위해 열심히 살겠다고 가족 앞에서 고백할 수 있어야 합니다. 그렇게 진실 되게 산다면 주님이 적극적으로 보호하시고 힘을 주실 것입니다. 이 세상은 영적으로, 육적으로 보아도 세월이 아깝습니다. 하나님과 사람과 가족 앞에서 후회 없이 살아야 합니다. 그래서 지금 죽어도 후회가 없고, 주님이 살게 해주시는 날까지 최선을 다해 사는 자가 되어야 합니다.

"때가 악하니라." 세상은 주님 뜻대로 살지 않고 어둠을 좋아합니다. 주님과 반대되므로 어둠으로 끌려가지 않으려면 끝까지 주님만 붙들어야 합니다. 빛 가운데 사는 자는 하나님의 뜻을 바로 알고 실천해야 합니다.

주님과 눈을 마주치며 서로 속삭이며 깊은 교제를 통해 서로를 잘 알아야 합니다. 날마다 주의 뜻을 이해하고 깨달아야 그렇게 살 수 있는데, 이는 우리가 빛 가운데 있어야 가능합니다. 사람을 따라 살면 사람을 위해 사는 것인데, 이렇게 사람을 위해 살면 마지막 날 우리의 공력을 태우실 때 나무나 지푸라기밖에 없어 다 타서 없어질 것입니다. 주님 뜻대로 살아야 금과 보석으로서 불에 타도 그대로 남을 것입니다.

17절은 "그러므로 어리석은 자가 되지 말라"고 말씀합니다. 15절의 내용을 다시 생각하면 됩니다. 어리석은 자는 악한 세상에 동화되는 자입니다. 우리는 오직 주의 뜻이 무엇인지 이해하려고 힘써야 합니다. 주님은 우리를 위해 죽으셨고, 우리 죄를 용서해주셨으며, 우리가 살아야 할 이유를 가르쳐주셨고, 조심해야 할 것을 가르쳐주셨습니다. 우리는 그분의 뜻을 살피는 자가 되어야 합니다. 성도가 어리석지 않으려면 지혜로운 사람이 되는 길밖에 없습니다. 우리의 의무를 모르고 우리 영혼에 대해 태만한 것은 대단히 큰 어리석음입니다(매튜 헨리).

18절은 "술 취하지 말라"고 말씀합니다. 술 취한 것은 어둠이고, 빛에 있는 사람은 성령에 충만해야 합니다. 성령에 충만하다는 것은 빛 가운데 있는 것에 더하여 빛으로 충만해진다는 것입니다. 빛의 충만은 성령의 충만함과 비슷합니다. 빛 덩어리이신 하나님께 가까이 나아가야 빛으로 충만할 수 있습니다. 주님에게서 멀어질수록 그 빛이 줄어들어 따뜻함이 줄어들고, 가까이 갈수록 뜨겁게 느껴질 것입니다. 우리가 단순히 빛과 어둠의 경계선을 넘어 빛 쪽에 있으면서 "그쪽 편입니다" 하는 것으로 만족하면 안 됩니다. 최대한 빛의 본체를 향해 가까이 나아가는 것이 중요합니다. 성경은 성령에 충만하라고 합니다. 어둠과 빛을 가르는 경계선을 넘어 빛에 온 것으로 만족하지 말아야 합니다.

술에 취한 사람에게는 눈에 보이는 것이 없습니다. 사소한 일에도 다툼을 하며, 싸움을 말려도 듣지 않습니다. 몸에 피가 나고 상처가 나도 감각이 없는 듯 폭력을 휘두르며 싸우는 것이 비일비재합니다. 과거에는 전쟁을 할 때 군인들에게 술을 마시게 하고 적진을 향해 돌격하게 했다고 합니다. 술에 취해 두려움이 없어져 죽음도 두려워하지 않고 적진으로 달려 나가 싸울 수 있기 때문입니다.

"오직 성령으로 충만함을 받으라." 우리는 약간의 성령을 받고 만족해서는 안 되며 성령 충만을 위해 애써야 합니다. 바울이 술 취함과 성령 충만을 대치해 말한 것은 성령에 충만했을 때 술에 취한 것처럼 담대해지며, 설령 반대자가 던진 돌에 맞아도 아프지 않게 됩니다. 성령으로 충만하면 보통 때와 달라집니다. 기도하기 위해 음식을 먹지 않아도 배부르고, 구름 위를 걸어 다니는 것 같으며, 하나님의 친아들이 된 감동이 밀려옵니다. 또한 복음의 귀중함을 깨달아 열심히 전도하고 기쁨이 충만해집니다. 성령이 충만하면 예전과 전혀 다른 사람이 됩니다. 그런데 이 성령은 처음에 각 사람의 속에 누구는 겨자씨만큼, 누구는 콩이나 밤, 귤만큼 들어옵니다. 그러다가 점점 충만해지면 온 몸에 성령이 가득 차게 되고 능력이 나타나 하나님의 사람인 증거가 나타납니다. 그리고 하나님의 철저한 통치와 지배를 받습니다. 사람마다 성령을 받은 양이 다른데 성도는 충만히 받는 것이 필요합니다. 성령은 진실로 우리의 정신과 지성과 마음과 의지 등 모든 기능을 자극하십니다(로이드 존스).

"방탕"이라는 단어는 보통 두 종류가 있습니다. 먼저 디도서 1장 6절에 나오는 것은 배우자가 아닌 다른 사람과 놀면서 성적인 의미를 포함하고, 거기에 우상 숭배의 개념까지 있는 방탕입니다. 베드로전서 4장 3절의 경우 마을축제처럼 친구와 놀면서 방탕한 것을 말합니다. 본문에 나오는 "방탕"은 아데미 신전에서 술에 취해 음란하게 놀던 것을 말하는 우상 숭배와 관계된 방탕입니다.

이 본문에서는 술 취함과 방탕을 성령 충만함과 정반대 개념으로 설명하고 있는데, 성령으로 충만한 사람이 마귀로 충만하게 되는 것은 불가능합니다. 또한 우상 숭배도 불가능합니다. 몸은 한정되어 있으므로 성령이 충만하면 마귀와 성령이 있을 수 있는 공간이 한정되기 때문입니다. 성령이 충만하게 되면 마귀를 밀어내는 힘이 강해져 마귀가 힘을 쓰지 못하게 되므로 그 사람이 마귀의 시험으로 타락하는 것은 어려운 일입니다. 자신이 성령으로 충만하다고 생각하는 사람들이 많지만, 대부분 그 몸의 반도 성령으로 채워지지 못한 사람이 많습니다. 철저히 회개하여 자기 속 사람에서 마귀를 쫓아내야 성령으로 충만해지는 것이 가능합니다. 성도는 자기 몸과 환경에서 어둠을 몰아내야 합니다. 빛과 어둠이 싸워 빛이 승리하여 어둠이 쫓겨나야 합니다. 자기 가슴에서 어둠을 완전히 몰아내고 성령이 자기 속에 충만해야 수준 높은 성도가 될 수 있습니다. 아직도 마음에서 성령과 육체의 소욕이 다투는 성도가 많습니다.

19절은 "시와 찬송과 신령한 노래들로 서로 화답하라"고 합니다. 시는 구약의 시편을 말하고, 찬송은 성도들이 성령의 은혜를 받아서 지은 노래입니다. 신령한 노래는 이 둘을 합한 영적이고 하나님이 받으실 만한 노래입니다(박윤선). 이 노래들을 서로서로 부르는 것입니다. 또한 "너희의 마음으로 주께 노래하며 찬송하며"라고 합니다. 우리 각자가 자기가 지은 것이든 거룩한 성도들이 지은 것이든 마음을 다하여 주께 노래하고 찬송할 것을 가리킵니다.

20절은 범사에 우리 주 예수 그리스도의 이름으로 항상 아버지 하나님께 감사하라고 합니다. "그리스도의 이름으로" 감사하라는 것은 그리스도의 공로를 생각하면서 우리가 행한 것이나 우리가 받은 모든 것은 주님의 은혜 때문이라는 생각을 가지라는 것입니다. 크리소스톰은 그리스도인은 지옥에 대해서까지도 감사해야 한다고 했습니다. 그것은 그리스도인이 바른 길을 걸어가게 하는 위협이며 경고가 되기 때문이라고 했습니다(바클레이). "감사"는 말로도 할 수 있지만 행동으로 감사생활을 하는 것이 더 진실한 성도의 삶입니다.

21절은 "그리스도를 경외함으로 피차 복종하라"고 합니다. "피차 복종하라", 즉 성도는 서로 존중하고 서로 존경하는 자세를 가져야 합니다.

그래야 복종할 수 있습니다. 성도가 복종하는 것은 그리스도가 성부 하나님께 복종하셨기 때문입니다. 그러므로 진정으로 주님을 경외한다면 주님이 복종하신 것처럼 복종해야 합니다. 성도는 각 지체이며 결국 하늘나라에서 함께 살아갈 자들입니다. 그리고 함께 하나님께 예배할 자들입니다. 그리고 살아 있는 동안 머리이신 그리스도께 함께 속하여 각 지체를 완성하기 위해 달려 나가는 자들입니다. 이 땅에서 피차 복종하는 모습을 보인다면 하늘의 천사들이 박수를 보낼 것이고, 믿지 않는 자들까지도 감동을 받을 것입니다. 이런 마음이 있다면 어른이라도 어린아이를 섬기며 그의 말을 존중할 것입니다.

아내와 남편

“아내들이여 자기 남편에게 복종하기를 주께 하듯 하라 이는 남편이 아내의 머리 됨이 그리스도께서 교회의 머리 됨과 같음이니 그가 바로 몸의 구주시니라 그러므로 교회가 그리스도에게 하듯 아내들도 범사에 자기 남편에게 복종할지니라 남편들아 아내 사랑하기를 그리스도께서 교회를 사랑하시고 그 교회를 위하여 자신을 주심 같이 하라 이는 곧 물로 씻어 말씀으로 깨끗하게 하사 거룩하게 하시고 자기 앞에 영광스러운 교회로 세우사 티나 주름 잡힌 것이나 이런 것들이 없이 거룩하고 흠이 없게 하려 하심이라 이와 같이 남편들도 자기 아내 사랑하기를 자기 자신과 같이 할지니 자기 아내를 사랑하는 자는 자기를 사랑하는 것이라 누구든지 언제나 자기 육체를 미워하지 않고 오직 양육하여 보호하기를 그리스도께서 교회에게 함과 같이 하나니 우리는 그 몸의 지체임이라”(5:22-30).

이 본문은 부부 사이에 행해야 할 바른 도리를 가르쳐줍니다. 성도는 한 가정을 이루면서 자신이 남편으로서, 아내로서 잘 지키고 있는지 살펴보아야 합니다. 이 말씀에서 우리가 알아야 할 것은 이것이 하나님의 백성에게 주어졌다는 것입니다. 하나님은 우리에게 주신 모든 규범에 대해 최정점을 목표로 말씀하십니다. 최고의 신앙생활, 하나님의 자녀로서 최정점의 삶을 보여주시는 것입니다. 그래서 이런 말씀을 보면 목표 의식을 갖게 됩니다.

남편과 아내에 대해 말씀하신 본문은 앞 절과 연결해 해석해야 합니다. 앞에서는 술 취함과 성령 충만함에 대해 말했습니다. 성령 충만한 사람만이 삶 속에서 이 말씀을 지킬 수 있기 때문입니다. 성령에 충만한 사람이 누구인지, 또 그가 얼마나 성령이 충만한지는 그의 삶을 보면 알 수 있습니다. 그래서 성령이 충만한 사람은 그리스도를 경외함으로 서로 복종하는 삶을 살 수 있습니다. 은혜받은 사람이 무엇을 하지 못할까요? 바울은 처음부터 복종의 대상을 말하지 않고 서로 복종하라고 함으로서 이 글을 읽는 모든 사람이 거부감 없이 받아들일 수 있도록 하고 있습니다. 그러고 나서 아내에게 먼저 복종할 것을 말합니다.

22절은 "아내들이여"라고 하면서 아내들에게 말합니다. 아내가 남편에 대하여 지킬 두 가지는 복종과 경외입니다(33절). 그리고 그 방법은 주께 하듯 하는 것입니다. 하나님이 남자에게 여자를 지키며 보호해줄 수 있는 여러 능력을 주셨음을 인정해야 합니다. 이렇게 할 수 있는 남편과 아내는 성령이 충만한 사람이라는 전제가 있습니다. 남편과 아내가 어떤 일로 의견이 나뉠 때 성경은 아내가 지나치게 항거하지 말고 남편에게 복종하고 주께 하듯 하라고 하니 결국 남편이 주님처럼 된 것입니다. 이 말씀에는 상당한 논란이 있고 여성으로서 할 말이 많이 있을지 모르지만 우리 인생을 창조하신 하나님이 가르쳐주시는 것을 믿고 지켜야 합니다.

23절을 보면 아내가 남편에게 복종해야 할 이유를 말해줍니다. 그 이유는 “남편은 아내의 머리”입니다. 이는 “그리스도께서 교회의 머리됨”과 같다고 했습니다. 남편은 아내의 머리이고 주님은 교회의 머리인 이 구조는 옛날부터 정해진 것입니다. 남편이 아내의 머리 됨을 인정하지 않는다면 그리스도가 교회의 머리 되신 것을 거부하는 것입니다. 우리가 알아야 할 것은 주님이 “몸의 구주”가 되십니다. 우리의 몸을, 특히 아내는 자신의 몸에 대해 자기 마음대로 할 수 없습니다. 그러므로 남편을 복종하는 것이 하나님의 뜻입니다.

보통 남편이 아내보다 우월한 경우가 많습니다. 동등한 경우도 있으나 아내가 우월한 경우는 별로 없습니다. 아내들이 남편의 부족한 점을 많이 이야기하지만, 남편들도 아내가 부족하다고 생각하는 부분이 많습니다. 하지만 아내들보다 남편들이 아내의 단점에 대해 말을 잘하지 않는 것은 아내는 쉽게 마음이 상하기에 가정의 평화를 위해 그렇게 하는 것입니다. 그래서 아내들은 자신이 아내로서 잘하고 있다고 착각하는 경우가 많습니다.

사도 바울은 24절에서 23절을 반복하고 있습니다. 아내들은 남편에게 범사에 복종하라고 강조합니다. 어느 때든지 남편에게 복종하는 것이 아내들에게 최상위의 법입니다. 이것을 지키지 못하면 하나님이 그만큼 점수를 차감하실 것입니다. “교회가 그리스도에게 하듯”에서 보듯이 교회가 절대적으로 주님께 순종하고 영광을 돌리듯 아내는 남편의 권위를 인정하고 그의 지도에 따라야 합니다. 만일 교회가 주님 말씀에 순종하지 않는다면 그것은 이미 교회가 아닙니다. 존재의 이유가 사라질 수밖에 없습니다. 이와 같은 맥락에서 아내가 남편에게 복종하라는 것입니다. 환경상 어려울 수 있고, 남편의 부족함과 자신의 문제로 인해 제대로 지키지 못해 점수가 떨어질 수 있지만 결국 우리의 목표는 주님이 하시는 평가에서 A⁺를 받는 것입니다. 그러므로 최대한 지키려고 노력해야 합니다. 아내들에게는 쉽지 않을 것입니다.

25절은 "남편들아"라고 하면서 남편들에게 말합니다. 남편들은 아내를 사랑해야 합니다. 그 사랑에는 수준이 있습니다. "그리스도께서 교회를 사랑하시고" 또한 "그 교회를 위하여 자신을 주심 같이" 하라고 하십니다. 교회는 주님의 몸으로 주님은 교회를 너무나 사랑하셔서 안아주시고 보살펴주시며 항상 교회를 지켜보고 계십니다. 주님의 마음은 늘 교회와 성도들을 향해 있습니다. 주님이 십자가에서 못 박혀 죽으신 것도 성도를 사랑하시고 교회를 사랑하셨기 때문입니다. 그러므로 남편들은 그리스도가 교회에게 하시듯 남편도 아내를 수준 있게 사랑해야 합니다. 그래서 주님을 보아야 합니다. 그리스도가 목숨을 바쳐서 교회를 사랑하셨듯 남편은 목숨 바쳐 모든 것을 주며 아내를 사랑해야 합니다. 아내가 남편에게 복종하는 것도 어렵고, 남편이 목숨을 바쳐 아내를 사랑하는 것도 어렵습니다. 이것은 성령이 충만한 성도가 지켜야 할 법입니다. 아내는 결코 남편의 종도 아니고 함부로 대할 대상이 아닙니다. 또한 성적인 관계에서만 중요하게 여겨서도 안 됩니다. 주님이 교회에 은혜를 주시는 것처럼 은혜를 쏟아 부어야 합니다.

26절에서 말씀이 이어집니다. 주님이 교회를 위하여 물로 씻어 말씀으로 깨끗하게 하사 거룩하게 하셨다고 하였습니다. 주님은 교회가 회개하게 하시고 성례를 통하여 교회를 깨끗하게 하셨습니다. 주님이 십자가에서 죽으신 것은 교회의 죄를 없애고 거룩하게 하시려는 것이었습니다.

27절에서 계속 이어집니다. 주님은 교회를 자기 앞에 영광스럽게 세우시려고 하십니다. 그래서 주름 잡힌 것이나 이런 것이 없이 거룩하고 흠이 없게 하려 하시는 것입니다. 남편도 아내를 영광스럽게 세워야 합니다. 영광스러운 모습은 티나 주름 잡힌 것들이 없이 거룩하고 흠이 없게 하는 것입니다. 주님이 교회를 그렇게 하셨으니 남편들도 아내의 마음과 육체와 영혼의 모든 면에서 이렇게 죄로 인한 갈등이나 상처가 없도록 해야 하며, 영적으로도 온전하고 거룩하게 해야 합니다.

28절에서 아내 사랑하기를 "자기 자신과 같이 할지니"라고 합니다. 사람은 자신을 소중히 여겨야 하고, 그와 같이 아내도 소중히 여겨야 합니다. 자기 아내를 사랑하는 사람은 자기를 사랑한다고 합니다. 자기를 사랑하는 자가 훌륭한 자입니다. 그리고 남편과 아내는 한 몸이므로 남편이 아내를 사랑하는 것은 자기 자신을 사랑하는 것과 같다고 합니다. 아내와 남편은 별개가 아닙니다.

이 모든 말씀은 성령 충만하지 않으면 적용할 수 없습니다. 그러므로 남자는 남자가 되므로 자신을 발견하고, 여자는 여자가 되므로 자신을 발견합니다(존 스토트). 남편과 아내 중 한 사람은 성령으로 충만한데 다른 사람은 성령에 충만하지 못하거나 만일 죄로 충만하다면, 주님이 원하시는 부부 간의 관계가 이루어지지 못합니다. 서로 영적으로 차이가 나면 불협화음이 일어납니다.

29절에서 사람은 "누구든지 자기 육체를 미워하지 않는다"고 했습니다. 이는 사실입니다. 그러므로 자신을 양육하며 보호합니다. 많은 물질과 시간을 드려 자신의 성장을 위해 먹고 자며 교육을 받습니다. 그리고 안전을 위해 최선을 다합니다. 이것은 "그리스도께서 교회에게" 하는 것과 같습니다. 주님은 교회가 자신의 몸이므로 날마다 양육되기를 원하시고 불꽃 같은 눈동자로 지켜주십니다. 그리스도가 신랑이시고 성도는 각자가 그리스도의 신부이므로 성도는 자신을 존귀하게 여겨야 하고, 결코 자신을 미워해서는 안 됩니다. 주님이 내 속에 계시고 내가 교회인데 나를 무시하고 업신여겨서는 안 됩니다. 신랑이신 예수님의 사랑하는 신부를 함부로 하면 안 됩니다. 그러므로 주님의 신부인 우리의 영혼과 마음과 육체를 다 소중히 해야 합니다.

"우리는 그 몸의 지체임이라." 성도는 주님의 몸의 지체이고, 교회도 주님의 지체입니다. 남편과 아내의 관계를 주님과 교회의 관계로 말한 이유를 알아야 합니다. 주님과 교회는 떨어질 수 없는 사이입니다. 아내와 남편도 마찬가지입니다. 기독교는 율법이 아닙니다. 율법을 무조건 지켜야 하지만, 교회는 성령을 충만하게 주시고 지키도록 하시므로 은혜 복음인 것입니다. 하나님의 도움 없이 무조건 가도록 하는 것은 율법입니다. 하나님은 우리에게 점점 더 은혜를 부어주셔서 점수가 높아지고 결국 목표에 도달할 수 있도록 하십니다. 만약 기도하지 않고 성령에 충만하지 않은 사람이라면 지킬 수 없으므로 그에게는 기대할 것이 없습니다.

그리스도와 교회

"그러므로 사람이 부모를 떠나 그의 아내와 합하여 그 둘이 한 육체가 될지니 이 비밀이 크도다 나는 그리스도와 교회에 대하여 말하노라 그러나 너희도 각각 자기의 아내 사랑하기를 자신 같이 하고 아내도 자기 남편을 존경하라"(5:31-33).

31절에서 바울은 사람이 "부모를 떠나서" 그의 아내와 합하여 "그 둘이 한 육체가" 되어야 한다고 합니다. 남자와 여자가 부부가 되고 하나가 되는 것은 너무 소중한 창조의 원리입니다. 당시 로마 사회는 지나치게 음란하여 결혼관에 심각한 문제가 있었습니다. 이런 환경 속에서 바울은 성결한 부부관계를 가르칩니다. 부부는 거룩한 관계입니다. 이 일을 이루기 위해 남자와 여자 모두 "부모를 떠나야" 합니다. 부모를 떠나야 남자와 여자가 하나가 됩니다. 주님은 부모와의 끈을 끊는 것이 부부가 되는 조건이라고 말씀합니다. 이 세상에서 가장 가까운 사람은 부부입니다. 부모가 아무리 자식을 사랑해도 벌거벗은 이성 자녀와 동침할 수 없습니다. 그러나 결혼한 부부는 남이었지만 한 육체가 되어 사는 것입니다. 한 몸이 되었으니 내가 나를 사랑하는 것처럼 아내를 사랑하고 남편에게 복종하는 것입니다. 결국 사랑하나 복종하나 자신을 위한 것이 됩니다.

"이 비밀이 크도다." 바울은 비밀에 대해 이야기합니다. 남자와 여자가 한 육체가 된 것이 비밀이라는 것입니다. 성경에 비밀이라는 말이 나오는데 바울이 기록한 책에 19번이나 등장합니다. 특히 에베소서에서 6번 나옵니다. 비밀에 대해 많이 나올 법한 요한계시록에는 4번 정도 나올 뿐입니다. 바울은 누구보다 하늘나라의 비밀을 많이 알았기 때문입니다. 그는 다른 사람들이 모르는 실제를 알았는데, 이는 하나님이 알려주신 것입니다. 하늘나라에는 수많은 비밀이 있는데 그동안 다윗과 선지자들만 이것을 조금씩 알고 이야기했습니다. 물론 주님은 여러 번 말씀하셨습니다. 그런데 바울은 모든 선지자가 말한 비밀보다 더 많이 말했습니다. 바울은 삼층천에 다녀오고 주님을 수시로 직접 만나 대화했기 때문에 많이 알고 있었던 것입니다. 바울은 다메섹 도상에서 주님을 만난 이후 10여 년 간 두문불출하며 성경을 보고 기도하면서 이 비밀들을 깨달았습니다. 그래서 가슴 벅찬 이 내용들을 전파하는 일에 목숨을 바치며 힘쓴 것입니다. 바울은 로마서 이후 자신이 쓴 모든 성경에 계속 비밀을 말하고 있습니다. 그리고 그 중 특히 주님과 교회, 남편과 아내에 대한 비밀이 크다고 합니다. 다른 선지자들이 이 내용을 알았다면 이것을 비밀이라고 할 수 없었을 것입니다.

33절에서는 "그러나 너희도 각각 자기의 아내 사랑하기를" 자신 같이 하라고 당부합니다. 그리고 아내도 남편을 존경하라고 합니다. 이것이 그리스도와 교회에 관계된 큰 비밀인 것입니다. 바울은 이것을 큰 비밀이라고 하면서 끝을 냅니다. 그렇다면 무엇이 크다는 것인지 의문이 생길 것입니다. 바울은 왜 이렇게 하는 듯 마는 듯 어색하게 끝을 맺었을까요? 이 구절은 주님과 성도의 관계 그리고 남편과 아내의 관계에 대한 이야기를 반복함으로 끝맺고 있습니다. 바울은 이 두 가지가 놀라울 정도로 같다는 것을 강조하는 것입니다. 결국 남자와 여자가 부부로서 육체가 하나 되어 서로 사랑하며 사는 모습이, 그리스도와 교회, 그리스도와 성도의 관계에서도 같다는 것이 중요한 점이라는 것입니다. 육체로 보였던 문제가 깊은 영적 생활의 현상이라고 하는 것입니다.

바울이 무슨 말을 하고 싶어 했는지 추측해보면 이렇습니다. 남자와 여자가 서로 결혼하여 사랑을 나누는 부부관계를 할 때 서로의 육체가 연결되는데, 이때 속사람도 연결됩니다. 성령 충만한 성도는 영적 에너지가 있습니다. 이때 남자의 에너지가 여자에게 들어갑니다. 여기에서 생명의 씨만 들어가는 것이 아니라 영적 에너지가 함께 들어가는 것입니다. 물론 영적인 연결로 인해 서로 영적 에너지를 주고받는 관계이지만, 남자의 영적 에너지가 더 많이 여자에게 들어가게 됩니다. 남자의 머리이신 그리스도가 남자에게 은혜를 내려주시고 남자는 또한 여자에게 은혜를 주는 일종의 신비한 관계도가 형성되는 것입니다.

남편을 아내보다 높은 지위로 세우신 것은 여성보다 남성이 인격이나 지식적인 면에서 더 훌륭하기 때문이 아니라, 영적으로 남성이 여성에게 영적 에너지를 전해주기 때문입니다. 물론 남성이 모든 면에서 여성보다 훌륭하지 않더라도 이러한 영적 구조는 같습니다. 우리는 여기서 하나님이 창기와 가까이하는 것을 크게 책망하신 것을 기억해야 합니다. 그리고 음란은 몸 안에 죄를 짓는 것이라고 하셨습니다(고전 6:18). 그것은 바로 영적인 문제 때문입니다. 성도가 어둠의 사람이나 우상 숭배자와 부부관계 또는 성적 관계를 맺을 때 그만큼 영적으로 크게 실제적인 피해를 입기 때문입니다. 바울은 이런 속 깊은 이야기까지 성경에 기록할 수 없기 때문에 이런 말을 생략하고 끝낸 것은 아닌가 하는 황홀한 그리고 신비한 생각을 해봅니다. 여러분은 어떻게 생각하십니까?.

추가로 덧붙여봅니다. 남자의 영적 은혜가 강하면 여성이 그 은혜를 받아 충만해집니다. 이것은 성도가 그리스도의 임재를 통해 충만한 영적 에너지를 공급받으면서 사는 것과 같습니다. 성도가 성령의 충만한 임재 가운데 들어가면 자신의 몸이 마비된 듯 움직이지 못하고 충만한 은혜를 체험하는 경우가 있습니다. 이는 부부관계에서도 절정에 달한 여성의 모습과 같습니다. 부부가 육체적으로 하나가 될 때 여성이 생명을 임신하듯이, 그리스도의 빛과 그 영적 은혜를 성도들이 받아야 영적인 열매를 맺을 수 있습니다.

충만한 은혜를 받을수록 성령의 9가지 열매와 삶에서 여러 가지 열매를 많이 맺을 수 있게 됩니다. 그러므로 만약 신랑이 영적 에너지가 약하거나 믿음이 적은 사람이라면 육체가 하나가 되든지 단순히 함께 거주하든지 여성들은 영적으로 손해를 볼 수밖에 없습니다. 신랑에게서 영적 에너지를 공급받는 것이 아니라 도리어 빼앗길 수 있기 때문입니다. 결국 믿음이 좋던 여성이라도 영적으로, 육체적으로 약해질 수 있습니다. 그래서 이 비밀이 크다고 하면서도 바울이 차마 말하지 못한 것이 아닐까 생각해봅니다.

결국 사도 바울이 전한 비밀의 말씀은 눈에 보이는 교회만이 아닌 속사람에 대한, 즉 영적 사람에 대한 말씀인 것입니다. 이 모든 이야기를 종합해볼 때 아내는 자신에게 은혜를 주는 남편을 존경해야 합니다. 그리고 남편은 아내를 사랑하면서 은혜를 나누어주어야 부부가 열매를 맺을 수 있습니다. 여성은 남자를 잘 만나야 하는데, 만약 남편이 영적으로 부족하다면 예수님을 잘 믿고 영적으로 성장할 수 있도록 도와주어야 합니다. 주님을 깊이 사랑하고 가까이 나아가면 하늘의 풍성한 은혜를 우리에게 주실 것입니다. 남편의 사랑을 받지 못하는 아내라면, 더욱 자기 속사람의 신랑 되시는 주님께 나아가야 합니다. 육신의 남편을 존경하고 사랑하게 된다면 정말 큰 복을 받은 것입니다. 그러나 육신의 남편보다 영적인 신랑이신 주님이 더 중요합니다. 주님이 우리의 신랑이 되셔서 하늘 양식을 우리 영혼에 주시기 때문입니다. 우리는 주님의 몸입니다. 또한 주님 앞에서 우리 모든 성도는 주님의 신부입니다. 주님이 주시는 하늘의 신령한 양식으로 배부르게 될 것입니다(요 4:32).

6장_영적 전투

Ephesians

자녀와 부모

"자녀들아 주 안에서 너희 부모에게 순종하라 이것이 옳으니라 네 아버지와 어머니를 공경하라 이것은 약속이 있는 첫 계명이니 이로써 네가 잘되고 땅에서 장수하리라 또 아비들아 너희 자녀를 노엽게 하지 말고 오직 주의 교훈과 훈계로 양육하라"(6:1-4).

"자녀들아 주 안에서 너희 부모에게 순종하라"고 하시는 1절 말씀은 참으로 성경 원리에 근거한 내용입니다. 부모에게 순종하는 것이 복을 받는 길이기 때문입니다. 우리가 왜 예수님을 믿고 설교를 듣고 성경 공부를 합니까? 솔직하게 표현하면 이 땅에서 그리고 하늘나라에서 복을 받기 위해서입니다. 결국 나 자신을 위해 예수님을 믿는 것입니다. 그렇다면 복 받는 비결을 알려주는 말씀은 정말 새겨들어야 합니다. 이 말씀이 옳은 것은 하나님이 그렇게 정하셨기 때문입니다. 부모에게 순종한 자녀에게 복을 내리시겠다는 것이 하나님의 대원칙인 것입니다. 이것이 복을 받는 전제 조건이므로 복을 받고 싶다면 반드시 실천해야 합니다.

자녀들이 장성하여 결혼하여 아이를 낳으면 그들도 부모가 될 수 있습니다. 결국 우리는 누구나 자녀이면서 부모입니다. 그래서 이 말씀은 피할 수 없는 우리의 고민입니다. 또한 부모님의 가르침 중에 옳지 않은 것도 있기에 더욱 고민할 수밖에 없습니다. 자녀를 교육할 때 이런 부분을 고려하게 됩니다. "주 안에서"라는 뜻의 의미를 이해하는 것이 중요합니다. "주 안에서"라는 말은 첫째, 광의적 의미로서 이것이 하나님의 명령이기에 이 세상 모든 자녀는 부모에게 순종해야 한다고 해석할 수 있습니다. 이 땅에 사는 모든 사람에게 적용되는 말씀인 것입니다. 자녀가 예수님을 믿지 않거나, 부모가 예수님을 믿지 않을지라도 순종해야 합니다. 이런 경우 순종하는 것이 어렵고, 순종의 수준도 떨어지게 됩니다.

둘째, 주님의 말씀 안에서 순종하라는 것입니다. 부모와 자녀 모두 주님 안에 있는 것이 전제 조건입니다. 첫째 조건에 비해 범위가 좁아졌습니다. 주님을 믿는 믿음 안에 있는 자녀가 부모의 명령에 순종해야 한다는 것입니다. 만약 부모나 자녀 중 한 명이라도 주님을 믿지 않는 경우, 1단계로 떨어집니다. 제대로 된 지도와 제대로 된 순종이 어렵기 때문입니다.

셋째, 부모와 자녀 모두 주님을 믿어야 한다는 조건에서 한 발 더 나아가 아버지나 어머니가 명령한 것이 주님의 뜻과 일치할 때, 비로소 자녀가 순종하라는 것입니다. 이는 가장 좁은 의미입니다. 만약 하나님의 뜻과 어긋나는 명령을 내렸을 경우 순종할 수 없다는 상당한 수준의 내용입니다.

모든 사람이 이 세 단계 안에 포함됩니다. 단순히 부모니까 순종하는 경우, 예수님을 믿는 사람으로서 순종하는 경우, 주님의 뜻이니 순종하는 경우입니다. 결국 가장 높은 단계는 하나님의 뜻이 아니라면 부모님의 말에 순종하지 않아도 된다는 것입니다. 1절에서 말씀하시는 뜻은 3단계입니다.

"부모에게 순종하라"는 말씀은 바울이 에베소 교회에 한 것입니다. 성경을 연구할 때 본문이 말하는 대상이 누구인지 꼭 살펴보아야 합니다. 성경의 모든 말씀은 모든 인류에게 적용이 가능하지만, 특히 이 편지를 읽는 사람의 전제 조건이 교회의 성도이고, 더 나아가 5장 18절에서 말씀하신 것처럼 성령으로 충만한 사람이라는 것을 기억해야 합니다. 또한 5장 21절에 나오는 "피차 복종하라"는 말씀에 순종하는 자입니다. 성령에 충만하고 피차 복종하는 성도가 6장 1절의 말씀대로 부모에게 순종이 가능하다는 것입니다. 5장에서 부부관계는 속사람의 만남이라고 하면서 사람은 누구나 속사람이 있고, 그 속사람은 하나님의 지도를 받는다는 전제로 볼 때 6장 1절 말씀도 속사람에게 하는 권고의 의미가 큽니다.

육신의 아버지는 하늘 아버지가 계획하신 내용을 모르기에 자녀를 잘못 지도하여 자녀가 부모와 갈등할 수 있습니다. 그래서 부모는 자녀의 인생에 대해 기도하지 않았다면 지도하지 말아야 합니다. "주 안에서"라는 말은 세 가지 해석이 있지만 그 중 3단계의 높은 수준으로 지켜야 한다고 생각합니다. "주 안에서" 부모에게 순종하는 것은 주님의 명령과 법도와 충돌하지 않는 범위 안에서 순종하는 것입니다(존 스토트).

2절에서 아버지와 어머니를 공경하는 것은 약속이 있는 "첫 계명"이라고 말씀합니다. 모세에게 주신 십계명 중 1-4계명은 하나님에 대한 계명이고, 5-10계명은 사람에 대한 계명입니다. 그 중 사람에 대한 첫 번째 계명인 5계명을 말하는 것입니다. 십계명은 출애굽기 20장에서 가르쳐주신 것이지만, 그 후 1400여 년이 지나서 바울도 변함없이 강조하고 있는 것입니다. 십계명은 하나님이 직접 명령하셨습니다. 하나님은 "나는 너희 중에 행하여 너희의 하나님이 되고 너희는 내 백성이 될 것이니라"(레 26:12)고 약속하신 후 사람이 지켜야 할 첫 계명으로 부모에게 순종하라고 하신 것입니다.

3절을 보면 하나님은 부모에게 순종하는 자에게 "이로써 네가 잘되고 땅에서 장수하리라"고 약속하셨습니다. 부모는 자녀의 육체적 근원이고, 연령과 경험으로도 그들보다 노숙하며, 그들의 양육자이기에 존경받아야 합니다(박윤선). 이 땅에서 잘된다는 말씀에는 모든 복이 다 포함됩니다. 성도는 이 말씀대로 축복받기 위해 부모님의 말씀에 순종하려고 노력해야 합니다. 성도는 이 땅에서 복 받은 자, 하늘에서 인정받는 자가 되겠다는 소원을 가져야 합니다. 많은 사람에게 당신은 정말 복 받은 사람이라는 소리를 들어야 합니다. 그 복 받는 지름길이 바로 부모 공경입니다. 부모는 자녀들에게 부모 공경을 지도하면서 "내가 내 부모님에게 한 만큼 너도 나에게 해야 한다"고 할 수 있을 정도로 자신이 부모에게 먼저 실천해야 합니다. 하나님은 우리가 잘되기를 바라십니다. 그래서 이 계명을 주셨고, 이 법을 잘 지키는지 지켜보시고 그렇게 행하는 자에게 복을 주십니다.

4절 말씀처럼 아비는 "자녀를 노엽게" 하지 않는 것이 중요합니다. 로마 시대에 어린아이들은 거절과 유기라는 위험에 처해 있었습니다. 부모에게 버려지고, 제대로 교육을 받거나 보호받지 못했으며, 심한 경우 노예로 팔려갔습니다. 이런 시대에 바울은 성도들에게 자녀를 진리의 말씀으로 가르치고 보호할 것을 신중한 자세로 가르치고 있는 것입니다. 부모가 자녀를 지도할 때 자녀가 이를 잘 받아들이지 않고 노여워할 수 있습니다. 4절 말씀은 죄를 지은 자녀가 부모의 올바른 지도를 끝까지 따르지 않고 반항할 때 자녀를 노엽게 하지 말라고 하는 것이 아닙니다. 앞에서도 말했듯이 성령에 충만한 자녀가 죄를 짓고 부모에게 반항한다든가, 성령에 충만한 부모가 함부로 자녀를 노엽게 할 리는 없습니다. 성령에 충만하지 않은 부모의 자기중심적 지도가 자녀를 노엽게 할 수 있다는 것입니다. 부모의 권위만 내세워서는 자녀를 바르게 지도할 수 없습니다. 지도하는 내용이 성령에 충만하고 하나님의 뜻에 부합하는지 살핀 후 자녀를 지도해야 합니다. 부모의 생각이 정말 옳다면 성령이 충만한 자녀의 마음을 감동시킬 수 있습니다. 주의 교훈과 훈계만이 자녀의 마음을 움직입니다.

또한 하나님의 뜻에 부합하는 말이라 할지라도 함부로 지도하지 말고,

자녀를 지켜보고 자녀의 의견도 들어보며, 그 의견을 내세우는 이유도 들어본 후 하나님께 기도하고 지도해야 합니다. 많은 부모가 단지 부모의 권위로 자녀에게 자신의 생각을 강요하기 때문에 자녀가 노여워하고 결국 바른 길에서 벗어납니다. 자녀를 교육할 때에는 성령으로 충만한 가운데 하나님의 뜻을 알고 지도해야 합니다. 자녀 또한 성령으로 충만하여 하나님의 뜻에 따라 부모에게 순종해야 복을 받을 것입니다. 이것이 성경에서 말하는 최고 수준의 자녀 지도 방법입니다. 부모가 분노한 마음으로 자녀를 징계하는 것은 위험합니다(존 스토트).

종과 상전

"종들아 두려워하고 떨며 성실한 마음으로 육체의 상전에게 순종하기를 그리스도께 하듯 하라 눈가림만 하여 사람을 기쁘게 하는 자처럼 하지 말고 그리스도의 종들처럼 마음으로 하나님의 뜻을 행하고 기쁜 마음으로 섬기기를 주께 하듯 하고 사람들에게 하듯 하지 말라 이는 각 사람이 무슨 선을 행하든지 종이나 자유인이나 주께로부터 그대로 받을 줄을 앎이라 상전들아 너희도 그들에게 이와 같이 하고 위협을 그치라 이는 그들과 너희의 상전이 하늘에 계시고 그에게는 사람을 외모로 취하는 일이 없는 줄 너희가 앎이라"(6:5-9).

에베소서는 우리에게 기독교는 삶이라는 것을 가르쳐줍니다. 우리가 믿음으로 구원을 받기 때문에 말씀대로 사는 삶을 중시하지 않는 것은 큰 문제입니다. 행위가 따라오지 않는 믿음은 죽은 것입니다. 우리는 앞에 나온 본문들에서 자녀는 자녀로서 해야 할 일이 있고, 부모는 부모로서 해야 할 일이 있으며, 부부관계에서도 남편으로서 해야 할 일과 아내로서 해야 할 일이 있다고 말합니다. 좋은 점수를 받기 위해 애쓰고 노력하여 맡겨진 일을 해야 합니다. 삶이 따라주어야 하나님도, 세상도 인정해줍니다.

5절은 종과 상전에 대한 내용입니다. "종들아 두려워하고 떨며 성실한 마음으로 육체의 상전에게 순종하기를 그리스도께 하듯 하라"고 합니다. 이 글이 쓰인 당시 로마 시대에는 종과 상전이 존재했습니다. 지금부터 2천 년 전에는 재산, 권력, 지위, 힘이 있는 자들이 없는 자를 억압했습니다. 물론 지금도 그런 상황들이 있고, 또 세계의 빈국들에서는 권력층의 권력 남용으로 인권이 제대로 지켜지지 못하고 있는 것이 현실입니다. 우리나라의 경우도 조선 시대에 신분 제도가 있었고, 일제 강점기까지 그 잔재가 남아 있었습니다.

종에는 두 종류가 있습니다. 주인의 집에 머물면서 일하는 종과 자기 집에서 출퇴근하는 종입니다. 집사는 그 집에서 일하는 사람 중 높은 사람을 가리킵니다. 대개 이런 사람들이 출퇴근을 합니다. 한마디로 요즘의 직장인입니다. 또 주인집이 있는 공간에 별도로 종들이 살 방을 내주어 살게 하면서 일을 시키는 종들이 있는데, 이들이 사는 곳을 행랑채라고 했습니다. 안동 하회마을을 비롯해 옛날 고을들에 가보면 양반집은 보통 마을의 높은 지대에 위치해 있고, 그 아래로 논밭이 있어 일꾼들이 일하는 것을 내려다볼 수 있도록 되어 있습니다. 방이 99칸이 되는 저택에 가보면 양반과 종의 관계가 실감이 납니다.

바울은 종들에게 "육체의 상전"에게 두려워하며 순종하고 섬기라고 하였습니다. 즉, 기존의 제도를 받아들인 것입니다. 여기서 바울이 "육체의 상전"이라는 말을 쓴 것은 육체는 마음대로 할 수 있으나 영혼과 양심은 좌지우지할 수 없음을 말하려는 것입니다(매튜 헨리). 성경의 교훈은 기존의 틀을 버리고 혁명을 일으킨 것이 아니라 현실을 인정한 것입니다. 그리고 상전을 섬기는 종에게 주인을 잘 섬기고 성실하게 일하라고 말합니다. 직장인들도 이런 마음을 가져야 합니다. 직장 상사를 존경하고 두려워하며 순종해야 합니다. 그가 고용해주고 월급을 주어 삶을 살게 하고 있으므로 이는 당연한 것입니다. 단지 겉으로만 예의 있게 하는 것이 아니라 마음이 중요합니다. 우리는 상하 질서와 예의를 지키고, 윗사람을 진심으로 공대해야 합니다.

바울은 이에 대해 "그리스도께 하듯 하라"고 합니다. 그리스도는 성도의 주님이신데 그분처럼 대하라는 것입니다. 상전이 예수님을 믿거나 믿지 않거나 마찬가지입니다. 만일 종과 상전이 다 교회를 다니는데 교회에서의 직분이 상전보다 종이 더 높더라도, 사회에 나가서는 윗사람을 잘 대하는 것이 복음 전파에 도움이 됩니다.

부부관계, 부자관계, 종과 상전의 관계에는 항상 그리스도가 계십니다. 우리는 모두 그리스도의 종입니다. 우리가 어디에 있든 주님이 우리를 택하고 부르셔서 이곳에 있다고 생각해야 합니다. 그런 자세를 가진 사람들이 모여 교회를 이루어야 교회가 화목합니다. 목사도 주님을 바라보고 주님의 집에서 일하는 것입니다. 주님이 나를 어떻게 평가하실까 의식하며 일해야 합니다. 주님이 부르시고 사명을 주셨으므로 주님께 충성하면 그만큼 상급이 있습니다.

6절은 "눈가림만 하여 사람을 기쁘게 하는 자처럼" 하는 사람이 있다고 합니다. 다른 사람 앞에서는 일하는 척하지만 보이지 않는 곳에서는 게으름을 피우는 사람도 있습니다. 사람들이 볼 때만 눈가림 하듯 하지 말고, 누가 보든지 보지 않든지 주 앞에서 일하듯 충성해야 합니다. 기업을 운영하든지, 그 기업에서 일하는 자이든지 마찬가지입니다. 그 뜻은 "그리스도의 종들처럼" 일하라는 것입니다. 그리스도의 종은 그리스도가 부르셔서 일하는 사람입니다. 하나님이신 주님이 부르신 것입니다. 바로 그런 자세로 일해야 합니다.

7절에서 계속 말씀합니다. 기쁜 마음으로 상전을 섬기고 주님께 하듯 하고 사람에게 하듯 하지 말라고 합니다. 하기 싫어하는 자세를 버리고 선한 마음과 열정으로, 더 나아가 주인이 잘되었으면 좋겠다는 마음으로 일해야 하는 것입니다. 성령이 충만한 사람은 하나님의 일을 아주 열정적으로 하는데, 일터에서도 그러한 자세로 똑같이 행하라는 것입니다. 주님의 일을 할 때는 열정적으로 하다가 일터에서는 힘을 내지 않고 일하기 싫어한다면 이는 잘못되었다는 것입니다. 성령으로 충만한 사람은 주님의 일이나 직장 일이나 다 열심히 합니다.

8절은 이렇게 최선을 다하여 일해야 할 이유를 가르쳐줍니다. 그것은 종이나 자유인이나 행한 대로 주님께 받기 때문입니다. 우리가 육신의 상전을 잘 섬기면 놀랍게도 상전이 우리에게 어떻게 대우하든 관계없이 그리고 때로 상전이 몰라주어도 주님이 갚아주신다는 것입니다. 결국 성도는 어디서 무슨 일을 하든지 주님을 보고 충성해야 합니다. 종이 되는 것도 주님의 뜻이고, 자유인인 것도 주님의 뜻이니 불평하지 말고, 방자하게 행하지 말며, 주님을 바라보아야 합니다. 주님은 행한 대로 갚아주십니다.

"너희도 그들에게 이와 같이 하고"라는 9절 말씀에서 "이와 같이"는 종들이 상전이 맡긴 일을 할 때 그들이 행한 대로 주님 앞에서 갚음을 받을 줄 알고 행하라는 것입니다(박윤선). "위협을 그치라"고 하는데, 이는 상전에게 하는 말씀입니다. 주인은 종을 위협하거나 겁을 주지 말아야 합니다. 종이 자발적으로 주인을 높여주도록 주인이 노력해야지, 공포와 위협을 가해 높임을 받으려고 해서는 안 된다는 뜻입니다. 주인 된 자의 상전이 하늘에 계시고, 종 된 자의 상전도 하늘에 계십니다. 모든 사람이 하나님의 종입니다. 그러므로 권력이나 재물이 있다고 함부로 행동하지 말아야 합니다. 하나님은 사람의 외모를 보시지 않고 종과 상전 모두의 마음을 다 알고 계십니다. 상전이 자기 이익만을 위해 종을 혹사시키면 하나님은 그것을 다 아시고 책망하실 것입니다. 기업을 운영하는 사람이 성경 말씀대로 산다면 은혜로운 직장이 될 것입니다.

마귀의 간계

"끝으로 너희가 주 안에서와 그 힘의 능력으로 강건하여지고
마귀의 간계를 능히 대적하기 위하여 하나님의 전신 갑주를 입으라
우리의 씨름은 혈과 육을 상대하는 것이 아니요
통치자들과 권세들과 이 어둠의 세상 주관자들과
하늘에 있는 악의 영들을 상대함이라"(6:10-12).

바울은 앞에서 부자관계, 부부관계, 종과 상전의 관계 등 모든 관계의 선행 조건이 성령 충만이라고 했습니다. 교회에는 많은 역할이 있지만 성령으로 충만하지 않으면 어느 것 하나 감당할 수 없습니다. 교훈을 하고 성경을 가르치는 것이 중요하지 않은 것은 아니지만 그리스도인으로 살려면 성령 충만이 더 중요합니다. 하나님의 신이 임하여 하나님의 사람으로 당차게 사는 것은 너무나 당연합니다. 여러 환경적 조건을 말하기 전에 성령 충만에 대해 말씀하신 이유가 있는 것입니다.

10절에서 "끝으로"라고 하면서 24절까지 그 말씀이 이어집니다. 사람과의 관계에서 행해야 할 교훈이 끝나고, 이제는 한 단계 더 나아가 영적

인 단계에 대해 말씀합니다. 지금부터가 더 중요합니다. 바울은 여기에서 아주 중요한 이야기를 하고 있습니다. 바울이 성도들에게 요구하는 것은 "강건함"입니다. 남녀노소 가리지 않고 강력해야 한다는 것입니다. 강건함에는 여러 가지가 포함됩니다. 정신, 육체, 영혼, 마음 등이 강해야 합니다. 성령으로 충만하여 강건해지면 주님의 백성으로 살아갈 수 있습니다. "주 안에서와 그 힘의 능력으로"라는 말씀은 예수님과 주님이 주시는 능력으로만 강건할 수 있다는 것입니다. 예수님이 힘의 출처이시므로 성도가 기도할 때 주님께 가까이 나아가면 힘이 납니다. 영혼, 즉 속사람에게 주님의 힘이 들어와 육체도 좋은 영향을 받습니다. 성도가 강력해져야 할 이유가 있습니다. 그 이유가 다음 절에 나옵니다.

11절은 "하나님의 전신 갑주를 입으라"고 말씀합니다. 전신 갑주는 군인이 입는 갑옷입니다. 그런데 하나님의 전신 갑주는 하늘로부터 옵니다. 아마도 바울은 그가 자주 보던 로마 군인의 모습을 연상하며 이렇게 말했을 것입니다. 바울은 투구, 호심경, 검, 방패, 허리띠, 군화를 말했는데 이는 강력한 로마 병사를 보고, 또 그 자신이 마귀와 영적 전쟁을 많이 치렀기 때문에 그렇게 말했을 것입니다. 오늘날 성도들도 로마 군인처럼 무장한 그리스도의 군사가 되어야 합니다.

우리는 다 같은 성도로 그리스도의 군사로 보이지만, 영적으로 보면 전신 갑주를 입은 사람과 입지 못한 사람이 있습니다. 때문에 바울은 우리에게 전신 갑주를 입어야 한다고 한 것입니다. 우리가 이 땅에서 복을 누리는 것도 중요하지만, 결국 그리스도의 군사로서 마귀의 목을 쳐버릴 강한 군사라면 더욱 좋을 것입니다.

강한 군대가 되어야 하는 이유는 "마귀의 간계를 능히 대적하기 위해서"입니다. 마귀가 성도를 유혹하여 주님을 바라보지 못하게 하고 범죄하게 하기 때문입니다. 바울은 온 우주를 영적 전쟁터로 보았습니다(바클레이).

12절에서 바울은 계속 이야기합니다. 우리의 씨름, 즉 "싸움"은 혈과 육을 상대하는 것이 아니라고 했습니다. 혈과 육은 사람을 의미합니다. 이는 다른 사람들과 주먹질과 발길질로 싸우거나, 경제적 이익 등을 위해 다투거나 경쟁한다는 뜻이 아닙니다. 우리가 싸워야 할 상대는 이미 정해져 있습니다. 성도가 싸워야 할 상대는 "통치자들과 권세들과 이 어둠의 세상 주관자들과 하늘에 있는 악의 영들"을 상대하는 것이라고 했습니다. 여러 가지로 설명하고 있지만 결국 마귀와 싸우는 것입니다.

마귀에 대해 구체적으로 분석하면 이렇습니다. 먼저 "통치자"들입니다. 통치를 하는 자들이란 뜻인데, 이것을 볼 때 마귀도 인격이 있고 조직이 있습니다. 실제로 마귀는 우리가 사는 세상을 조직적으로 통치하고 있습니다. 마귀는 사람들을 부추겨 전쟁을 일으키고 살인과 폭행을 하게 합니다. 그런 악행을 일으킨 사람들은 전쟁과 살인의 영에 사로잡혀 그들이 시키는 대로 하는 것입니다. 귀신이 그 사람을 감싸고 있으므로 가능한 것입니다. 어떻게 정신이 똑바른 사람이 죄 없는 사람을 죽이고 전쟁을 일으킬 수 있겠습니까? 독재자들 속에서 역사하는 마귀가 세상을 통치하는 것입니다.

둘째, "권세자"들이 있습니다. 통치자들은 힘이 있고 권세가 있습니다. 어떤 사람은 이 구절에 대하여 각각 마귀의 계급과 크기를 구분하여 설명하는 것이라고 해석하지만 꼭 그런 것으로 볼 수는 없습니다. 이는 악한 천사에 대한 말입니다(엡 3:10, 골 2:15).

셋째, "어둠의 세상 주관자"들이 있습니다. 이들은 그 수가 아주 많습니다. 이들은 어둠의 주관자이므로 이것은 마귀가 빛의 세계를 주관할 수 없음을 보여줍니다. 마귀는 아무리 강해도 자기가 속한 부분만 주관할 수 있습니다. 그래서 빛 가운데서 온전히 살고 있는 사람은 주장하기 어렵습니다. 그러나 어둠에 속해 있는 자들은 쉽게 자기 마음대로 주관할 수 있습니다. 마귀의 목표는 성도이건 불신자이건 어떻게 해서든지 그들을 어둠으로, 망하는 자리로 끌고 가려 합니다.

그러나 우리가 회개하여 성령에 붙잡히게 되면 마귀가 역사하는 힘은 약해지고 성령이 역사하시게 됩니다. 우리의 몸은 영적인 영토입니다. 성령과 마귀가 서로 더 차지하려고 우리 속에서 싸우고 있습니다. 우리는 하나님이 택하신 자녀이므로 하나님이 장악하고 움직이고 싶어 하시지만 우리가 지은 죄로 인해 마귀가 치고 들어오는 것입니다. 그래서 성령과 마귀 중 누가 더 많이 내 몸을 차지하고 있는지가 중요합니다. 만약 지은 죄가 많아 우리의 몸을 성령과 마귀가 반씩 차지하고 있다면 성령의 인도도 받고 마귀의 영향도 받아 생각과 마음이 오락가락하게 됩니다. 우리가 술을 마셔서 취하게 되면 취한 만큼 이상해지듯이, 마귀가 우리를 차지한 영역이 많은 만큼 우리는 이상 행동을 하게 됩니다.

넷째, "하늘에 있는 악의 영들"이 있습니다. 여기서 하늘은 영어의 'sky'를 말하는 것이 아니라 영적인 하늘 세계를 말합니다. 단순히 공중의 빈 공간이 아니라 물리적 공중을 포함한 영적 세계입니다. 유대인들은 마귀가 거하는 하늘이 있다고 보았지만, 꼭 그런 것은 아닙니다. 이 세상은 물질세계만 아니라 영적 세계도 있습니다.

"상대함이라." 성도는 이런 마귀의 세력을 상대해야 합니다. 아무리 상대하고 싶지 않고 멀리하고 거리를 두고 싶어도 절대 불가능합니다. 마귀가 집요하게 접근하기 때문입니다. 마귀는 실체이며 영적인 존재입니다. 사람 몸에 귀신이 들어가는 것은 성경에도 나오고, 실제로 귀신들린 사람이 이 땅에는 너무 많습니다. 만일 영적 지도자들이 귀신의 존재를 무시하거나 외면한다면 성도들을 영적으로 바르게 지도하지 못하고, 바른 길을 가려 하는 성도들을 가로막을 수도 있습니다. 영적 무지는 정말 무서운 것이며, 이로 인해 성도가 마귀에게 끌려가는 것을 방치하는 죄를 범하게 됩니다. 마귀는 예수님을 믿는 자에게도 접근하고, 그 사람의 몸 안으로도 들어가며, 환경에서도 역사합니다.

예수님을 믿는 것으로 마귀가 사람에게 역사하지 못한다면 바울이 마귀를 대적하라고 에베소 교회에 글을 쓸 리가 없습니다. 마귀는 그 자체가 간교합니다. 간사한 계략으로 하나님이 택하신 성도를 넘어뜨리려고 광분하고 있습니다. 그러므로 마귀를 대적하기 위해 강력한 성도가 되어야 이 싸움에서 패하지 않고 승리할 수 있습니다. 우리는 마귀가 세상에서 어떻게 할 수 없는 사람이 되어야 합니다.

전신 갑주를 입으라

"그러므로 하나님의 전신 갑주를 취하라 이는 악한 날에 너희가 능히 대적하고 모든 일을 행한 후에 서기 위함이라 그런즉 서서 진리로 너희 허리 띠를 띠고 의의 호심경을 붙이고 평안의 복음이 준비한 것으로 신을 신고 모든 것 위에 믿음의 방패를 가지고 이로써 능히 악한 자의 모든 불화살을 소멸하고 구원의 투구와 성령의 검 곧 하나님의 말씀을 가지라"(6:13-17).

바울은 정치가로, 행정가로, 교사로 여러 역할을 감당했습니다. 바울은 젊었을 때 산헤드린 공회 의원이었고, 문장가로서도 수준급의 실력을 갖추었던 것으로 보입니다. 또한 다방면으로 뛰어난 실력자로 여러 활동을 했습니다. 주님도 이 땅에 오셔서 일하실 때 못하시는 것이 없었습니다. 병든 자를 치유하셨고, 목자로서 성도들을 양처럼 돌보셨으며, 설교도 하시면서 천국 가는 길의 안내자이시자 하나님과 사람 사이의 중보자가 되셨습니다. 보통 전문가들이나 최고들은 한두 가지를 잘하지만 하나님 나라의 일꾼은 모든 면에서 뛰어납니다. 성도는 그리스도의 군사로 전신 갑주를 입고 싸워야 합니다. 그러면서도 또한 선교사, 의사, 교수의 모습도 보여야 합니다. 하나님 나라의 일꾼이 되려면 이런 통합적 사고와 행동이 필요합니다. 그 중 특히 영적인 분야를 잘해야 합니다. 그러기 위해서는 영적인 무장이 필수입니다.

13절에서 말한 것처럼 하나님의 전신 갑주는 취해야 합니다. 이 전신 갑주는 그냥 가질 수 있는 것이 아니라 "취해야" 하는 것이라고 말씀합니다. 물론 전신 갑주는 하나님이 만들어주시는 것이지만(박윤선) 취한다고 표현한 것은 우리가 수동적으로 하나님께 거저 받아 입는 것이 아니기 때문입니다. 하나님이 가만히 있는 우리에게 전신 갑주를 입혀주시는 것이 아닙니다. 만약 그렇다면 이 전신 갑주를 입고 있지 않는 사람은 없을 것이고, 본문에서 이렇게 강조하고 있지도 않을 것입니다. 하나님이 우리에게 주시지만 그것을 내 손으로 가져다 입고, 특히 손에는 검과 방패를 들어야 합니다. 우리의 노력으로 무장해야 하는 것입니다. 하나님이 주신 것을 내 것으로 만들어야 합니다.

"모든 일에 행한 후에 서기 위함"입니다. 이렇게 전신 갑주를 입어야 하는 이유는 우리가 달려갈 길을 가고, 믿음 위에 서며, 사명을 감당하고, 죽은 후 주님 앞에 섰을 때를 위함입니다. 우리가 그 때 어떤 모습으로 설 수 있겠습니까. 바울은 이긴 자, 성공한 자로 서기 위해 이렇게 말하는 것입니다. 교회에 나왔다거나 믿음이 있는 것으로 우리의 구원이나 사명이 완성된 것이 아닙니다. 우리는 이 땅에 살아 있는 동안 그렇게 되기 위해 쉬지 않고 달려 나아가야 하는 것입니다.

"이는 악한 날에 너희가 능히 대적하고." 마귀가 역사하는 시대이기 때문에 악한 날입니다. 악한 시대에 전신 갑주를 잘 입고, 마귀를 "능히 대적하고" 싸움을 이겨내야 주님 앞에 온전히 설 수 있습니다. 마귀는 결코 가까이하면 안 되는 존재임을 기억하고 조금도 허용하지 않겠다는 자세로 대해야 합니다. 그렇게 해도 약간의 공격을 허용하게 됩니다. 사람이 죽은 후 주님 앞에 섰을 때 모두가 칭찬을 받는 것이 아닙니다.

"그런즉 서서"라는 14절 말씀에서 우리는 바울의 강한 어조를 느낄 수 있습니다. 우리는 앉을 수도 있고 무릎을 꿇을 수도 있으나 성도는 서 있어야 합니다. 이는 군인이 휴식을 취하는 모습이 아니라 무장하고 경계하며 전투를 앞두고 서 있는 모습을 표현한 것입니다. 군인은 항상 싸울 준비를 해야 합니다. 군대에는 5분 대기조가 있습니다. 이는 어떤 군사적 문제가 발생하면 병사가 5분 안에 출동해야 하므로 군화를 신은 채 잠을 자고, 차도 항상 시동을 걸어놓고 비상 대기를 합니다. 교회도 이와 같습니다. 영적 전투를 해야 하는 성도는 쉬는 시간이 없습니다. 무장을 풀어놓고 잠을 잘 수 없는 것은 당연합니다. 항상 정신을 차리고 서 있어야 합니다.

"진리로 너희 허리 띠를 띠고." 당시 이스라엘 사람들은 통으로 된 옷을 입었기 때문에 일을 하려면 허리띠를 묶어야 일을 할 수 있었습니다. 허리띠를 묶지 않으면 옷이 거추장스러워 움직임이 둔했는데, 더구나 이 상태로는 전쟁을 할 수가 없었습니다. 이는 진리로 무장하여 싸움 준비를 하라는 뜻입니다. 진리는 진실성입니다(박윤선). 싸울 때도 허리띠를 띠고 칼을 차야 합니다. 그래서 진리의 허리띠로 무장해야 합니다.

"의의 호심경을 붙이고." 호심경은 심장을 보호합니다. 믿음이 약해지고 상처를 받으며 낙심하는 것은 가슴에서 이루어지는데, 이는 적군의 화살이나 칼을 가슴에 맞은 것입니다. 사탄은 우리의 심장을 노리므로 가슴을 잘 보호해야 합니다.

15절에 말씀하는 "신을 신고"는, 즉 군화를 신으라는 것입니다. 그런데 이 신발은 "평안의 복음이 준비한 것"입니다. 복음은 평안의 복음입니다. 군인이 왜 전쟁터에 나가야 합니까? 이는 국민과 우리 자신의 평안을 위해서입니다. 하나님 안에서 누리는 평온한 마음이 우리의 모든 행로 앞에 준비되어야 하며, 그럴 때 비로소 우리는 앞으로 전진할 수 있습니다(맥클라렌). 그리고 평안을 위한 복음이므로 내가 밟는 곳에 평화를 가져올 수 있습니다. 평화를 가져오는 것이 군인의 일입니다. 또한 적군에게 잡힌 포로를 구하기 위해 싸웁니다. 진정한 평화는 강력한 군대가 있을 때 가능합니다.

16절은 "믿음의 방패"를 가지라고 합니다. 군인에게는 방패가 있어야 합니다. 적군의 공격을 막아야 하기 때문입니다. 상대가 칼을 내리쳐도 막을 수 있기 때문에 겁 없이 나갈 수 있는 것입니다. 이와 같이 "믿음"이 방패의 역할을 하여 사탄의 공격을 막아줍니다. 믿음이 강한 자만이 사탄의 공격을 효과적으로 막아낼 수 있고, 또한 사탄을 공격하는 힘이 있습니다.

"악한 자"는 마귀와 마귀에게 사로잡혀 쓰이는 사람을 말합니다. 마귀가 사람에게, 특히 성도에게 불화살을 쏘는데 이 불화살을 맞으면 죄를 짓게 됩니다. 더 나아가 영적인 그리고 육적인 죽음에 이를 수도 있습니다.

불에는 하나님의 불과 마귀의 불이 있습니다. 성령의 불을 받으면 은혜가 넘치고, 하나님의 사람이 되며, 강한 사역자가 됩니다. 전신 갑주를 입고 성령의 불이 있으면 어떤 공격도 이겨낼 수 있습니다. 이와 반대로 마귀의 불화살에 맞아 마귀의 불이 붙으면 마귀의 종이 되고 죄를 짓게 되며, 결국 멸망으로 들어가게 됩니다. 우리는 우리의 동물적인 본성에 불을 붙이기 위해 노리는 불화살이 있다는 것을 잊으면 안 됩니다(맥클라렌). 이 세상에는 성령의 불을 받은 사람, 마귀의 불을 받은 사람이 뒤엉켜 살고 있습니다. 마귀가 우리를 공격할 때 가장 큰 방패는 성령의 충만함과 거룩한 생활입니다.

17절에서 보듯 우리는 "구원의 투구"를 써야 합니다. 구원은 머리와 관련이 있는데 이는 생각이 중요하기 때문입니다. 또한 하나님의 은혜는 머리로 가장 많이 들어옵니다. 마귀도 머리가 귀한 것을 알고 우리의 생각을 공격합니다. 우리의 생각이 견고하지 않으면 부정적인 생각으로 인해 믿음이 약해지므로, 영광스러운 구원을 소망하는 투구를 써야 합니다.

“성령의 검”을 가지라고 했는데, 이는 유일한 공격용 무기입니다. 성도는 사탄과 싸울 수 있어야 합니다. 성령은 단독으로 강하게 사탄과 싸우실 수 있습니다. 여기에 “하나님의 말씀”을 가지라고 했는데, 이는 말씀을 지식적으로 소유하는 것을 말하는 것이 아닙니다. 성령과 말씀이 더불어 역사함을 말합니다. 하나님의 사람에게 싸움은 주먹질하고 칼을 휘두르는 것이 아니라 입으로 나오는 하나님의 말씀으로 싸우는 것입니다. 마귀를 쫓아내고 대적할 때 입으로 말하는 것입니다. 하나님 말씀의 권위로 마귀에게 명령하는 것입니다. 우리의 싸움은 말씀의 영적인 능력으로 할 수 있습니다. 하나님이 세상을 창조하실 때에도 말씀으로 하셨습니다. 예수님도 마귀를 물리치실 때, 병을 치료하실 때, 파도와 바람을 잠잠하게 하실 때 다 말씀으로 하셨습니다. 성령이 내 안에 충만히 계시면 말씀의 능력이 나타납니다.

이렇게 모든 전신 갑주를 입고 우리가 해야 할 일은 마귀와 싸워 이기는 것입니다. 마귀에게 지는 것은 결코 용납될 수 없습니다. 예수님과 바울이 마귀와 싸워 승리하는 모습을 수도 없이 보여주셨듯이 성도들도 다 그렇게 되어야 합니다. 우리는 우리에게 맡겨진 일을 잘해야 할 뿐 아니라 가르침, 행정적인 일, 복음을 전하고 선교하는 일, 화목하도록 중개하는 일 등 해야 할 여러 다양한 일이 있습니다. 우리는 이런 모든 일을 감당해야 하지만 특히 영적으로 군사의 모습을 보여야 합니다. 바울은 이 모든 것을 자신의 삶으로 보여주었습니다. 주님이 우리에게 전신 갑주를 주셨으니 우리 자신이 직접 취하여 입고 전쟁에서 싸워 승리해야 합니다. 교회가 마귀와 전투하는 모습을 보여주지 않는다면 그 교회는 사교장과 다름이 없습니다.

나는 사신이다

"모든 기도와 간구를 하되 항상 성령 안에서 기도하고 이를 위하여
깨어 구하기를 항상 힘쓰며 여러 성도를 위하여 구하라 또 나를
위하여 구할 것은 내게 말씀을 주사 나로 입을 열어 복음의 비밀을
담대히 알리게 하옵소서 할 것이니 이 일을 위하여 내가 쇠사슬에
매인 사신이 된 것은 나로 이 일에 당연히 할 말을
담대히 하게 하려 하심이라"(6:18-20).

바울이 기도를 강조하는 것은 자신이 하나님의 사랑을 받고 주님을 만나고 기도에 응답을 받았기에 기도가 얼마나 위력이 있는지 알기 때문입니다. 기도는 하나님의 자녀가 하나님을 대하여 할 수 있는 특권입니다. 하나님의 자녀가 아니면 하나님은 그 기도를 듣지 않으실 것입니다. 하나님의 자녀는 문제가 발생하면 하나님께 문제를 들고 나아가야 합니다. 그래서 성도는 우리의 기도를 들으시는 하나님과의 관계가 좋아야 합니다.

18절에서 "모든 기도와 간구를 하되"라고 말씀합니다. 기도는 대화이며 호흡입니다. 우리가 일방적으로 소원을 이야기하고 간구하는 것은 대

화가 아닙니다. 기도는 원칙적으로 하나님과 내가 서로 말을 주고받아야 합니다. 그러므로 기도할 때 하나님의 말씀을 듣기도 해야 합니다. 어떤 상대와 대화할 때 내 용건만 말하고 상대의 말을 듣지 않는 경우는 없습니다. 오늘날 성도들의 기도생활에서 맹점이 바로 하나님의 말씀은 듣지 않고 계속 자기 말만 하는 것입니다. 그러므로 하나님께 받는 응답이 없거나 하나님과의 교통이 약해지는 것입니다.

만약 내가 어떤 기도 제목을 놓고 기도했는데 하나님이 들으시고 그것은 절대 들어줄 수 없다고 하시는 경우가 있을 수 있습니다. 그때 하나님이 기도하는 자에게 응답할 수 없다고 말씀하시는 것을 듣는다면 그 기도는 한 번으로 끝납니다. 더는 기도할 필요가 없기 때문입니다. 만일 하나님의 마음을 알 길이 없다면 들어주시지 않을 그 기도의 내용을 가지고 몇 달 혹은 몇 년을 기도하면서 기다리는 경우가 생깁니다. 만약 하나님이 어떤 기도를 이루어주겠다고 하신다면 감사하면서 기다리면 됩니다. 우리가 기도하면서 하나님의 응답을 바로 들을 수 있다면 얼마나 효율적이고 좋겠습니까.

"간구"와 기도는 조금 차이가 있는데, 모든 기도 중 간구는 특별히 원하는 것을 들어달라고 하는 것입니다. 하지만 하나님이 정말 들어주실 간구를 하려면 성령의 인도하심이 필요합니다. 그래서 "항상 성령 안에서" 기도해야 합니다. 우리가 성령님의 힘으로 기도하면 기도가 잘되고, 또 성령 안에서 기도하면 성령님이 무엇을 구해야 하는지를 기도하는 사람에게 알려주심으로 응답받는 기도를 할 수 있습니다. 그래서 기도는 자신의 소원이나 생각나는 것을 무조건 하는 것이 아닙니다. 성령님이 기뻐하시는 기도가 무엇이고 기뻐하지 않으시는 기도가 무엇인지 알아야 하는 것입니다. 성령님이 우리가 기도할 때 함께하시면 힘을 공급해주시므로 힘이 들지 않습니다.

"깨어 구하라"는 말씀은 곧 영적으로 깨어 기도하라는 것입니다(박윤선). 기도는 영적 전투와 같아 마귀와 싸울 때도 깨어 있고, 하나님께 기도할 때에도 깨어 있어야 합니다. 이는 긴장한 상태로, 즉 영적으로 각성된 상태로 기도하라는 것입니다. 기도는 힘쓰고 애써야 하는 것이지 저절로 되는 것이 아닙니다. 기도는 자신뿐 아니라 "여러 성도를 위하여" 구해야 합니다. 초대교회 때는 교회를 위한 기도가 필요한 시기였습니다. 성도들은 그리스도의 몸을 함께 이루어가는 지체이기 때문입니다. 그리고 사탄과 싸워나가는 그리스도의 군사 된 자들입니다. 영적 전쟁은 함께하는 것입니다.

19절에서 바울은 개인적으로 "나를 위하여 구할 것은"이라고 합니다. 사도 바울은 성도들의 중보 기도가 필요 없는 수준에 있었습니다. 주님과 직접 대화하며 기도 응답을 받고 있었기 때문입니다. 그래서 바울이 이렇게 자신을 위해 기도해달라고 하는 것은 예상 밖의 발언입니다. 그러나 가만히 보면 그가 자신에게 무엇이 부족해서 그것을 보충하려고 하는 것이 아닙니다. 그는 "내게 말씀을 주사"라고 했습니다. 곧 바울에게는 주님의 말씀이 필요했습니다. 그리고 "복음의 비밀을 담대히 알리게" 하도록 기도해달라고 요청하고 있는 것입니다. 이는 자신의 필요 때문이 아니라 주님의 복음에 동참한다는 의미입니다.

이 서신은 옥중서신입니다. 바울은 로마 감옥에 갇힌 상태였기에 다른 누구에게 복음을 전하기가 쉽지 않은 상태였습니다. 그러니 "말씀을 주사 나로 입을 열어 복음의 비밀을 담대히" 전할 수 있도록 기도해달라고 요청하는 것은 이해하기 어렵습니다. 감옥에 있는 사람이 누구에게 그렇게 간절히 복음을 전할 수 있겠습니까? 또한 지금까지도 여러 나라를 다니며 담대히 복음을 전했는데 새삼스럽게 또 담대히 하게 해달라는 요청은 왜 했을까요? 바울이 기도를 요청한 배경이 궁금해집니다.

20절에서 바울은 의미심장한 말을 합니다. 자신이 "이 일을 위하여 내가 쇠사슬에 매인 사신"이라고 합니다. 복음의 비밀을 담대히 알리는 일을 위해 자신이 현재 쇠사슬에 매여 있는 "사신"이라는 것입니다. 여기서 중요한 것은 "사신"입니다. 이 말이 본문의 핵심입니다. 바울은 자신이 비록 로마의 감옥에 갇혀 있지만 자신을 "사신", 즉 "대사"라고 표현하고 있습니다. 바울이 왜 예루살렘에서 로마에 왔습니까? 주님이 바울에게 로마로 가라고 하셨기 때문입니다(행 23:11). 그리고 로마 황제 가이사 앞에 서는 것이 주님의 계획입니다(행 27:24). 주님은 바울을 로마 황제 앞에 서게 하고 하나님 나라를 전하게 하시려는 것입니다. 바울은 주님의 명령대로 로마 황제를 만나기 위해 먼 거리를 왔습니다. 바울은 지금 하늘의 왕 예수 그리스도가 보내신 “사신”입니다.

바울이 감옥에 갇힌 것은 바울이 이미 로마 황제를 만나고 나서 감옥에 갇히는 판결을 받았기 때문입니다. 바울이 처음 로마에 왔을 때는 사람들을 만날 수 있는 약간의 자유가 있었습니다. 그런데 지금은 황제의 판결을 받고 감옥에 갇혀 있는 상태입니다. 바울이 죄인이 된 것입니다. 그럼에도 바울은 하나님 나라의 대사 자격으로 황제를 만난 것입니다.

당시 로마는 세계의 중심이었습니다. 많은 나라의 사신과 대사들이 황제를 알현했습니다. 여러 나라의 대사가 동시에 왕을 알현할 때도 있었을 것입니다. 그들은 강대국의 황제에게 선물을 바치고 절했을 것입니다. 그런 대사들과 같이 바울도 하나님 나라의 대사로서 주님이 전하라고 하신 말씀을 전하기 위해 황제 앞에 선 것입니다. 황제는 바울이 전하는 하늘나라와 예수님의 죽음과 부활에 대한 이야기를 믿지 못하고 바울을 감옥에 가두었을 것입니다. 바울이 로마 황제에게 간 것은 하나님 나라의 대사로서 복음의 비밀인 ‘하나님 나라’와 ‘오직 예수, 예수 부활’을 담대히 전하기 위함이었습니다. 바울은 평상시 서신을 쓸 때 자신을 하나님의 종, 이방인의 사도, 예수 그리스도의 종, 일꾼 등으로 묘사했지만 여기에서는 그런 말을 입 밖에도 꺼내지 않습니다. 오직 “사신”이라고 했습니다. 바울은 자기가 사신의 자격으로 로마에 가서 황제를 만났음을 분명히 한 것입니다. 이때 바울은 황제를 만나고 감옥에 갇혔습니다. 바울이 그렇게 감옥에 간 자신을 쇠사슬에 매인 예수 그리스도의 사신이라고 표현한 것입니다. 바울이 로마 황제를 만난 것은 단순한 전도가 아니라 사신이 방문한 것입니다.

"당연히 할 말을." 바울은 성도들에게 자신이 사신으로서 꼭 해야 할 말, 곧 자신이 속한 하늘나라의 왕인 예수님의 말을 잘 전하도록 기도해 달라고 하는 것입니다. 바울은 또다시 황제를 만나게 될 것입니다. 황제가 다시 자신을 불렀을 때 담대히 할 말을 하게 해달라는 것입니다. 즉 하늘나라의 대사 역할을 잘할 수 있도록 기도를 부탁한 것입니다. 바울은 사신으로서 사명 의식이 확고했습니다. 바울은 황제 앞에서도 온 우주를 다스리시는 우주의 왕이 보낸 사신의 기개를 굽히지 않았습니다. "당연히 할 말"은 단순히 감옥에서 풀려나와 세상에 나가 전도할 때 할 말을 가리키는 것이 아닙니다. 황제 앞에서 당당히 할 말을 가리키는 것입니다. 역사적으로 보면 바울은 황제를 다시 만난 것으로 보입니다. 그래서 황제에게 다시 하늘나라와 예수를 전했고, 결국 황제에게 미움을 받아 재차 감옥에 갇히고 그곳에서 죽었습니다. 황제는 끝까지 바울을 하나님 나라의 사신으로 받아들이지 않은 것입니다. 이와 반대로 바울은 예수 그리스도가 보낸 사신으로서의 역할을 끝까지 다했습니다. 바울은 그의 소원대로 "당연히 할 말을 담대히" 전하고 죽었는데, 이것은 세례 요한이 헤롯의 잘못을 담대히 지적한 후 죽은 상황을 기억나게 합니다(막 6:14-29).

다른 나라의 대사들은 로마에 대사관이 있었지만 바울은 감옥이 대사관이었습니다. 그는 그 안에서 대사로서의 일을 다 감당했습니다. 바울이 감옥에 있을 때 주님이 나타나셨을 것입니다. 이것은 본국에서 바울에게 훈령을 보내신 것과 같습니다. 다른 나라의 대사에게는 사람이 오기도 하고 문서가 오기도 합니다. 바울에게는 주님이 직접 오십니다. 바울은 감옥 안에서 할 일을 계속 전달받았습니다. 대사가 있는 곳이 대사관이므로 바울에게는 감옥이 대사관입니다. 성도들은 그들이 있는 곳이 대사관이므로 주님의 말씀을 잘 들어야 합니다. 또 성도가 치유의 능력을 받았다면 그가 있는 곳은 야전 병원이 될 것입니다. 또한 전투하는 능력이 있으면 그가 있는 곳은 적과 대치하는 최전방이 될 것입니다.

두기고를 보낸다

"나의 사정 곧 내가 무엇을 하는지 너희에게도 알리려 하노니 사랑을 받은 형제요 주 안에서 진실한 일꾼인 두기고가 모든 일을 너희에게 알리리라 우리 사정을 알리고 또 너희 마음을 위로하기 위하여 내가 특별히 그를 너희에게 보내었노라"(6:21-22).

로마 감옥에 갇힌 바울은 21절에서 이 편지를 에베소 교회에 전달할 사람으로 두기고를 택했습니다. 그것은 두기고가 진실한 사람이었기 때문입니다. 성령에 충만한 사람이라도 그는 사람이기 때문에 순간적으로 악한 마음을 품거나, 실수하거나, 감당하지 못할 상황이 생겨서 일을 그르칠 수 있습니다. 바울이 이 깊은 내용의 소중한 책을 전달할 사람으로 택할 만큼 두기고는 바울에게 믿음을 준 사람입니다.

성경에 두기고의 이름이 여러 번 언급되는데 어떤 인물인지 자세히 설명하고 있지는 않습니다(행 20:4). 두기고는 터키의 아시아라는 작은 지역 출신으로 바울이 그를 신뢰하여 3차 전도여행에 동행했습니다. 어떤 사람을 신뢰하기 위해서는 함께 시간을 지내보아야 합니다. 바울은 두기고를 훌륭하다고 생각하여 3차 전도여행에 함께했는데, 시간을 두고 함께 지낼수록 더욱 마음에 들었습니다. 대개 사람들을 사귀어보면 어떤 사람은 첫인상은 좋은데 지내보니 유익하지 않은 사람이 있고, 첫인상으로는 기대하지 않은 사람이었는데 지낼수록 좋은 사람이 있습니다. 또 첫인상도 좋고 지낼수록 더 좋은 사람도 있고, 반대로 첫인상도 나쁘고 지낼수록 더 나쁜 사람도 있습니다. 그런데 두기고는 처음부터 끝까지 좋은 사람이었습니다.

어떤 심부름을 보내도 정확히 마무리했고, 전달하라는 성금을 중간에 빼돌리지도 않았으며, 실수로 잃어버리지도 않았습니다. 일처리가 정확한 사람이었던 것입니다. 이 정도면 에베소 교회에 이 중요한 편지를 보내는 임무를 맡길 수 있을 것이라는 확신이 들었던 것입니다. 로마에서 터키에 있는 에베소 교회까지는 먼 거리인데 바울은 두기고가 이 편지를 잃어버리지 않고 잘 전달할 수 있을 것이라 생각했습니다. 아무데나 두고 잘 잊어버릴 것 같아 보이는 사람에게는 절대 일을 맡길 수 없습니다. 아무나 이 중요한 서신을 전할 수 있겠습니까? 두기고는 바울에게서 골로새서를 받아 골로새 교회에 전달했습니다. 바울은 두기고를 보내면서 "나의 사정", 곧 바울이 무엇을 하고 있는지를 알리고 싶었습니다.

편지를 전달하면서 만약 바울의 말을 곡해해서 전달하거나 허황되게 부풀려 전달하거나 한다면 에베소 교회 성도들이 바울에 대하여 오해하는 일이 생길 수 있기 때문에 더하거나 빼지 않고 정확히 전달해줄 사람이어야 했습니다. 바울의 상황을 왜곡하거나 바울과 성도들 사이를 이간질할 수 있는 말을 하지 않을 사람이어야 했습니다. 반대로 에베소 교회에 대한 잘못된 정보를 바울에게 전해서도 안 될 것입니다.

22절을 보면 "우리 사정을 알리고"라고 합니다. 교회가 바울의 처한 상황을 정확히 알아야 합니다. 또한 "너희 마음을 위로하기 위하여" 특별히 두기고를 보냈다고 말합니다. 두기고는 에베소 교회 성도들을 만나 위로할 수 있는 준비된 일꾼이었습니다. 이런 일에 두기고가 적격자였습니다. 바울은 이처럼 두기고를 신뢰했습니다.

그리스도를 사랑하는 자

"아버지 하나님과 주 예수 그리스도께로부터 평안과 믿음을 겸한 사랑이 형제들에게 있을지어다 우리 주 예수 그리스도를 변함없이 사랑하는 모든 자에게 은혜가 있을지어다"(6:23-24).

바울이 에베소 교회 성도들에게 하는 마지막 인사입니다. 그러나 그 마지막 인사까지도 자기 마음대로 말한 것이 아니라 성령의 충만함과 마음의 감동하심으로 했습니다. 성령이 바울의 손을 붙잡으셔서 글을 쓰게 하신 것입니다. 주님은 사람의 생각과 말과 손을 모두 붙잡으십니다. 그러므로 이 성경을 단순히 편지로만 볼 수 없습니다. 한 단어, 한 문장이 다 귀하기에 자세히 보아야 합니다.

23절에서 바울은 축복의 인사를 하고 있습니다. 바울에게는 축복을 내리는 권세가 있습니다. 그래서 "~있을지어다"라고 말합니다. "~할지어다"와 "~하기를 축원합니다"는 내용이 다릅니다. 축복하는 권위를 하나님께 돌리는 것은 "기원합니다. 기도합니다. 축원합니다. 축복합니다"라는 어휘를 사용합니다. 이런 표현은 하나님께 권위가 있고 자신에게는 그런 능력이 없다고 하는 겸손한 표현입니다.

그러나 "~할지어다"라는 표현은 권위 있는 말입니다. 이는 그렇게 되라는 명령으로, 하나님이 자신에게 그런 강력한 능력을 주셨기 때문에 할 수 있는 권위 있는 말입니다. 물론 하나님이 그런 축복의 권한을 주셨기에 하는 것이지만, 그럼에도 축복의 주체가 상당 부분 자신이 되기 때문에 할 수 있는 것입니다. 이런 말은 하나님의 사도나 대사, 사신으로서 할 수 있는 말입니다. 하나님의 말씀을 대신 전하는 위치에 있는 사람이 말하는 것입니다. 사신은 자신을 파송한 자국 왕의 말을 전하고 그의 권위로 일하므로, 그가 결정하거나 말하는 것은 왕이 행하는 것과 같은 권위를 가집니다. 그래서 국가 간의 중대한 일을 정하기 위해 온 사신이 맺은 조약은 각 나라가 지켜야 합니다. 바울은 자신이 하나님 나라의 사신이고 그래서 자신의 말이 주님의 말을 대언한다는 권위를 가지고 말하고 있으므로 마지막 인사에 "~있을지어다"라고 한 것입니다.

바울이 한 축복은 성도들에게 하나님의 "사랑"이 임하기를 바라고 있습니다. 기독교에서 가장 큰 가치는 사랑입니다. 이것은 하나님이 사랑이시고, 믿음, 소망, 사랑 중에서 제일은 사랑이라고 하셨기 때문입니다(고전 13:13). 하나님의 사랑이 아니라면 인간은 자신들이 지은 죄로 인해 벌써 멸망했을 것입니다. 하나님 앞에서 살아날 자는 없습니다. 하나님의 공의 앞에서 죄인 된 인간은 감히 설 수 없습니다. 성도는 지금까지 하나님의 사랑을 받았지만 더 받아야 합니다. 자녀는 부모의 사랑이 절대적으로 필요합니다. 사랑으로 격려하고, 필요를 채워주며, 보호해주고, 문제가 있을 때 책임져주는 부모의 큰 사랑을 체험한 자녀는 부모 곁에 있기를 좋아하고 효도하게 됩니다. 그러나 이런 부모의 사랑을 느끼지 못한 자녀들은 부모를 떠나고 싶어 합니다. 또한 성도에게는 목회자의 사랑이 필요합니다. 성도에게 관심을 갖고, 그를 위해 기도해주며 보살펴주는 목회자가 있다면 성도는 그 교회에서 떠나지 않을 것입니다. 사람마다 사랑을 표현하는 방식이 다르지만 사랑은 누구에게나 필요한 것입니다. 그러므로 성도에게 하나님의 사랑은 가장 큰 축복입니다.

바울은 "평안과 믿음을 겸한" 사랑을 받기를 축복하고 있습니다. 바울은 하나님의 사랑을 받기 원한다고 축복했는데, 거기에 평안과 믿음까지 더하니 이보다 좋을 수는 없습니다. 이것은 물건을 살 때 덤으로 싸구려를 주는 차원이 아닙니다. 좋은 것에 좋은 것을 더하는 하나 더하기 하나, 하나 더하기 둘 정도로 소중한 것입니다. 세 가지를 하나로 묶어주는 권위 있고 내용이 알찬 축복입니다.

우리 삶에서 "평안"은 정말 중요합니다. 이스라엘에서는 인사말로 "샬롬"이라고 하는데, 이 말은 평안을 의미합니다. 우리나라에서도 "안녕하세요"라고 인사합니다. 하나님은 이스라엘이 평안하기를 바라십니다. 예수님도 열두 제자를 보내시며 "들어가면서 평안하기를 빌라"(마 10:12)고 명하셨습니다. 또 예수님이 죽으신 후 사도들이 숨어 지낼 때 예수님은 그 집에 찾아오셔서 평안을 빌어주셨습니다. 우리 인생은 평안해야 합니다. 전쟁과 싸움, 불화가 없어야 합니다. 평안하게 하고 화목하게 하는 자가 하나님 나라에서 큰 자가 될 것입니다. 물론 적이 공격하면 방어하고 맞서 싸워야 하지만, 그런 일이 아니라면 화평을 위해 스스로 절제하고 서로 화목하도록 도모해야 훌륭한 사람입니다. 만약 아내나 남편 혹은 자식이 집안을 어지럽히면 식구라도 그 집에 들어가기가 싫을 것입니다. 바울은 에베소 교회에 하나님의 이름으로 그리스도 안에서 평안하도록 축복합니다. 어느 공동체이든 사랑이 없고, 서로 이해하지 않으며, 자기 이익만 따진다면 평안할 수 없습니다.

성도들은 평안하고 기쁨이 넘쳐야 합니다. 성경에서 말하는 기쁨은 속사람의 기쁨을 말합니다. 성경은 우리가 놀러 다니고, 맛있는 음식을 먹고, 기뻐하는 것을 영적인 기쁨과는 다른 단어를 사용합니다. 제자들은 예수님을 배신한 후 그 죄로 인해 평안하지 않은 상태에 있었습니다. 그래서 예수님은 그 죄를 용서하신 뜻으로 평안을 말씀하신 것입니다. 평안은 이렇게 죄와 관계가 있습니다.

죄가 없는 사람은 힘든 고난 중에서도 주님을 바라보며 평안할 수 있습니다. 하나님이 평안을 주시기 때문입니다. 사방이 막힌 듯한 고난 속에서도 회개하고 주님과 관계가 좋아지면 주님이 평안을 주십니다. 또 평안을 주신 주님이 내게 이 고난을 이기게 하시고 필요를 채워주실 것을 확신하는 믿음이 생깁니다. 죄를 깨끗이 하고, 마음의 그릇에 평안이 담기며, 믿음과 확신이 생기면 다른 모든 필요도 채워질 것입니다. 만일 우리 자녀에게 100만 원이 필요해서 주었는데 또 1만 원이 필요하다고 하면 쉽게 줄 수 있습니다. 주님도 마찬가지이십니다. 우리가 죄에서 떠나야 진정한 평안을 얻을 수 있습니다. 회개하지 않으면 진정한 평안을 얻을 수 없습니다.

"믿음"이 있어야 합니다. 하나님은 이 땅과 천국을 만드시고 그 모든 것을 통치하십니다. 주님이 우리를 이끌어주시는 것을 믿어야 합니다. 믿어야 구원을 받는 것이지 믿지 않는 자는 하나님께 아무런 값어치가 없는 사람입니다. 바울은 평안과 믿음이 동반된 사랑을 주님의 이름을 걸고 주님이 우리에게 주실 것이라고 확실하게 말했습니다. 믿음이 없다면 사랑도 평안도 단절됩니다. 이렇게 믿음은 사랑과 연결되며, 그 무엇도 깨트릴 수 없는 평안을 만들어냅니다(맥클라렌).

바울은 24절에서도 사랑에 대해 말합니다. 여기서는 성도들에게 은혜를 비는데 그 조건이 있습니다. 하나님의 은혜를 받는 조건은 "변함 없이 그리스도를 사랑해야 한다"는 것입니다. 아무나 하나님의 은혜를 받는 것이 아닙니다. 모든 사람에게 은혜를 주신다면 구원받지 못하는 사람이 없고, 문제를 해결받지 못하는 사람이 없을 것이며, 평안하지 않은 사람도 없을 것입니다. 그리스도를 변함없이, 끊임없이, 썩지 않는 믿음으로 사랑하는 사람이어야 합니다.

이 편지를 받아든 에베소 교회는 공적인 자리에서 이 글을 읽었을 것입니다. 에베소 지역에 교회가 하나가 아니었기에 그 편지를 다른 교회들에도 전달해 읽게 했을 것입니다. 바울의 편지를 읽은 교회마다 이 글을 읽고 감동했을 것입니다.

에베소 교회에 바울의 편지가 전해진 후 시간이 지나서 주님은 요한계시록에서 다시 에베소 교회에 대해 말씀하셨습니다(계 2:1-7). 요한계시록에서 주님은 에베소 교회가 믿음을 잘 지킨 것을 칭찬하셨습니다. 이단이 교회를 흔들고 성도들을 미혹하려고 했지만 싸워서 이기고 믿음을 지켜낸 것입니다. 그러나 첫사랑을 잃었다고 책망하셨습니다. 법과 원칙을 강조하다 보면 사랑을 잃을 수 있습니다. 이 두 가지를 다 잘해야 하지만 그것이 쉽지는 않습니다. 이 두 가지는 서로 충돌할 것처럼 보이지만 할 수 있습니다. 에베소 교회는 믿음을 잘 지켰지만 주님을 사랑하고 성도를 사랑하는 사랑을 잃어서 냉랭한 교회가 되었습니다. 서로의 죄를 들추고 혹시 잘못된 교리에 물들지 않았는지 감시하고 비판하다 보면 사랑이 식는 것입니다.

비판을 많이 하면 비판이 입에 붙어서, 비판하지 않으려 해도 습관적으로 하게 됩니다. 이 세상에서 죄를 짓지 않고 의롭게 살 수 있는 사람은 없는데, 그 죄를 드러내고 비판하며 지적한다면 누구나 힘들 것입니다. 그렇게 법과 믿음을 지켰으나 결국 성도들은 사랑에 목말라서 교회를 떠나갔습니다.

가능한 한 남의 죄는 말하지 말고 덮어줄 줄도 알아야 합니다. 사랑은 허다한 죄를 덮습니다(벧전 4:8). 남의 허물을 지적한다고 해결되는 것이 없기 때문입니다. 지나서 생각해보면 결국 여러 가지 방법도 써보고 성경 말씀대로 실천한다고 해보았지만 사랑만 잃어버립니다. 차라리 그 사람을 위해 회개해주고 기도해주면서 사랑하는 것이 열매도 있고 더 옳은 것입니다. 에베소 교회는 하나님 사랑, 이웃 사랑에 다 낙제점을 받았습니다.

한 사람이 믿음이 자라고 죄를 떠나 깨끗해져 하나님의 사람으로 변화되는 데에는 시간이 필요합니다. 우리는 그 사람을 위해 기도하고 회개하며 죽는 순간까지 기다려주어야 합니다. 하나님이 언제 그 사람을 붙잡으시고 변화시키실지 모르기 때문입니다. 그때를 하나님께 맡기고 기도하면서 변화되지 않는 그의 죄성으로 인해 스트레스 받지 말고 기다려주어야 합니다. 에베소서는 하늘의 신비를 드러내는 책입니다. 우리는 에베소서에서 펼쳐진 신비의 바다 속에 몸을 깊숙이 담그고 그 안에서 진정한 은혜를 맛보아야 합니다.